制度设计对
出口产品质量的影响研究

王海成◎著

Research on Influence of System Design on
Quality of Export Products

经济管理出版社
ECONOMY & MANAGEMENT PUBLISHING HOUSE

图书在版编目（CIP）数据

制度设计对出口产品质量的影响研究/王海成著.—北京：经济管理出版社，2021.7
ISBN 978 - 7 - 5096 - 8179 - 4

Ⅰ.①制…　Ⅱ.①王…　Ⅲ.①经济制度—影响—出口产品—产品质量—研究—中国
Ⅳ.①F752.62

中国版本图书馆 CIP 数据核字（2021）第 151013 号

组稿编辑：谢　妙
责任编辑：申桂萍　谢　妙
责任印制：黄章平
责任校对：王纪慧

出版发行：经济管理出版社
　　　　　（北京市海淀区北蜂窝 8 号中雅大厦 A 座 11 层　100038）
网　　　址：www. E - mp. com. cn
电　　　话：（010）51915602
印　　　刷：唐山玺诚印务有限公司
经　　　销：新华书店
开　　　本：720mm×1000mm/16
印　　　张：12.25
字　　　数：170 千字
版　　　次：2021 年 9 月第 1 版　　2021 年 9 月第 1 次印刷
书　　　号：ISBN 978 - 7 - 5096 - 8179 - 4
定　　　价：58.00 元

前　言

当前，世界正处于大发展、大变革、大调整时期，我国经济正处在转变发展方式、优化经济结构、转换增长动力的攻关期，对外开放面临的国内外形势正在发生深刻复杂的变化。加快推进制度改革，推动开放型经济由要素驱动向创新驱动转变，由规模速度型向质量效益型转变，由成本、价格优势为主向以技术、标准、品牌、质量、服务为核心的综合竞争优势转变，从而促使质量变革、效率变革、动力变革成为我国开放型经济的发展方向。

本书基于中国工业企业数据库、中国海关进出口数据库以及手工整理的数据，结合理论与实证分析考察了若干具有代表性的制度对企业出口产品质量的影响，研究发现：

第一，出口退（免）税审批权下放显著改善了企业出口绩效。表现为出口额的增加、产品质量的提升和产品价格的下降，这种改善作用基本上不存在时滞，并具有持续性。在公共权力委托—代理失灵越轻的地区，审批权下放的改善作用越大。从企业所有制类型看，审批权下放主要改善了非国有企业特别是民营企业的出口绩效。影响机制检验表明，审批权下放主要通过缓解企业资金约束作用于出口绩效。这意味着，出口退税管理制度的简政放权改革在一定程度上可以稳定外贸增长，在不增加财政负担的前提下延续过去的低成本优势，并培育以质量为基础的出口竞争新优势，这有助于我国实现从"贸易大国"向"贸易强国"的转变。

第二，最低工资标准制度显著抑制了企业出口产品质量。最低工资标准对出口产品质量的抑制作用存在行业、地区和企业所有制之间的差异：劳动要素密集度越高，抑制作用越大；对中部地区的抑制作用大于东部地区，对西部地区的影响则不显著；对国有企业的抑制作用大于非国有企业。这意味着最低工资制度并非一项"无人受损，人人受益"的帕累托式改进，而是会出现赢家和输家，重要的是二者存在于一个社会共同体内，如果不顾出口企业的实际情况，一味追求提高最低工资标准，而忘记这些规则制定的初衷，则可能会对企业的国际竞争力产生不利影响，反而会降低企业的雇佣能力和雇佣意愿，最终会损害劳动者的利益。

第三，国有企业改制对出口产品质量产生了显著且稳健的促进作用。国有企业改制后国有资本保留约为29%的国有股权比例，实现企业混合所有，有助于实现出口产品质量提升，从而促进国有资本做强做优做大。国有企业改制并非"一改就灵"，其影响效果表现出明显的差异性：对改制为民营企业、同质性产品和高竞争程度行业内企业，国有企业改制会较大程度地提高产品质量；对改制为外资企业、异质性产品和垄断行业，国有企业改进的促进作用则较小。国有企业改制通过提高企业全要素生产率、硬化企业资金约束和提升员工技能水平来影响出口产品质量，其中提高企业全要素生产率是产生促进作用的最主要渠道。

第四，高校扩招对企业出口质量产生了显著的正向促进作用。理论模型结果表明，高校扩招通过改变劳动者投资人力资本的相对回报，以及企业选择高技能劳动力的要素成本，从而提升了出口产品质量。在理论分析的基础上，利用2000～2007年中国工业企业数据库和中国海关数据库的匹配数据，使用双重差分法进行了实证研究。结果表明，高校扩招后，相比劳动技能密集度低的企业，劳动技能密集度高的企业出口产品质量有了明显提高；在改变主要变量测度办法、控制贸易自由化带来的进口冲击和投资冲击、考虑样本选择问题、剔除可能的极端值以及改变聚类方法后，结论依然稳健。

目　录

第一章 绪论

第一节 研究背景及意义

一、研究背景

当前，我国已进入新发展阶段，开启了全面建设社会主义现代化国家的新征程，对外开放面临的国内外形势也在发生深刻且复杂的变化。关于本书的研究背景主要包括但不限于以下三个方面：

第一，世界处于百年未有之大变局。随着新一轮科技革命和产业变革的深入发展，国际生产方式和分工格局面临重大变化，这为我国企业参与重塑全球产业链、供应链、创新链提供了契机。同时，世界经济陷入低迷，经济全球化遭遇逆流，单边主义、保护主义抬头，投资贸易自由化、便利化进程受阻，非传统安全和传统安全风险交织，建设开放型经济新体制面临诸多不稳定和不确定因素。

第二，我国已转向高质量发展阶段。中国制度优势显著，经济长期向好、物质基础雄厚、市场空间广阔、发展韧性强劲，在产业配套、创新研发、基础设施和人力资源等方面的对外开放优势逐步形成，建设更高水平开放型经济新体制具备诸多有利条件。同时，我国区域开放布局不均衡、产业开放不平衡等问题仍然存在，需要通过深层次的改革破除体制机制障碍，实现改革和开放互促共进。

第三，出口产品质量较低是不争的事实。产品质量是企业的生命，是企业走向国际市场的通行证，是国家核心竞争力的关键要素。一个国家如果不能有效提高出口产品质量，甚至落入"低质量陷阱"，其国际市场份额不仅无法扩大，还将日趋萎缩，终将使得整个经济社会的发展失去增长动力。与世界贸易强国相比，中国产品质量总体状况仍不容乐观，部分产品档次偏低、标准水平和可靠性不高、创新能力不足、缺乏核心技术和知名品牌，许多产品还主要依靠成本优势甚至是以牺牲质量为代价参与国际竞争，这导致我国产品因质量问题频遭国外召回和媒体炒作，严重损害了"中国制造"的国际竞争力和国际形象。

基于以上背景，如何优化制度设计，加快推动开放型经济由要素驱动向创新驱动转变，由规模速度型向质量效益型转变，由以成本、价格优势为主向以技术、标准、品牌、质量、服务为核心的综合竞争优势转变，从而实现质量变革、效率变革、动力变革是发展我国开放型经济需要思考的问题。

二、研究意义

（一）理论意义

第一，对贸易理论的聚焦点进行了适时转变。在传统贸易发展时期，中国贸易发展模式主要是依赖廉价劳动力供给的要素禀赋优势，因此贸易理论的主要关注点是出口规模扩张对经济发展、就业、收入等方面的影响。新时期，随着我国人口和劳动力供给形势的变化，原来廉价劳动力供给的传统竞争优势持续弱化，培育出口竞争新优势使得贸易发展的聚焦点出现了新的转变。本书试图将中国对外开放的新背景、新特点、新要求引入经济发展与出口转型升级的研究分析框架中，适时转变传统贸易理论的聚焦点，使得研究内容更加符合转型时期中国经济的需求特征和发展特征，这对贸易理论聚焦点的适时转变和发展具有重要的理论意义。

第二，将新新贸易理论与中国特色社会主义政治经济学进行了有效对接。我国的社会主义市场经济体制，不仅强调"有效的市场"，也强调"有为的政府"，如何使我国社会主义市场经济体制成为参与国际经济合作与竞争的优势要素，是一个需要研究的课题。本书将当前备受社会各界关注的简政放权改革、最低工资制度、国企改革和高校扩招等重大议题，从出口特别是出口产品质量的视角进行了考察，一方面这些议题无一不是中国共产党人带领全国人民对马克思主义政治经济学的继承和发展（逄锦聚，2016）①，是中国特色社会主义政治经济学研究的重要内容；另一方面新新贸易理论框架下的出口产品质量研究是当前经济学研究的热点和重点问题。通过这种逻辑整合，从理论逻辑层面揭示了制度设计影响出口产品质量的机制，使之适用于分析中国如何培育参与和引领国际经济合作竞争的新优势，这也是本书的理论研究意义所在。

第三，拓展了异质性企业模型的异质性外延。新新贸易理论的代表当属Melitz（2003）、Antràs（2003）和 Bernard 等（2003）三篇文献，其最突出的特征在于假设企业存在异质性，而异质性最主要的来源是生产效率差异。该模型为了保证理论的简洁和推导的方便，建立在较多假设的基础上，对于诸多现实的复杂情况并没有考虑，一些假设与现实也存在一定差距，并且对很多现实问题的解释力度还不够。本书考虑了企业外部制度环境、产权制度等层面的异质性特征，这种拓展将中国出口产品质量升级的外部环境特征引入新新贸易理论异质性企业

---

① 涉及社会主义市场经济和社会主义市场经济条件下政府与市场关系的探索、经济改革理论、开放理论等。

模型的分析框架中，这是本书研究理论意义的又一具体体现。

（二）现实意义

第一，有助于全面认识中国出口产品质量的现状。中国加入 WTO 已有 20 年的时间，这期间实施了大刀阔斧的改革，中国出口产品在全球价值链中的位置是否实现了由低端向高端的发展，产品质量是否有上升趋势呢？基于大样本企业数据，本书从微观层面考察了中国出口产品质量的变化趋势，有利于从最为基础的微观层面，认识中国出口贸易转型升级的特征事实，对审视中国出口贸易转型升级的现状与趋势，具有重要的现实意义。

第二，有利于更好地促进出口产品质量升级，培育出口竞争新优势。在经历了要素成本优势引致的价格竞争力发展阶段以后，质量成为未来出口竞争力的首要内容，出口产品质量升级的决定因素自然也成为需要重点研究的对象。本书从制度供给角度深入探讨了一国制度安排对微观层面企业出口产品质量的影响，并通过多种方法和多维度视角的实证检验，得到了相对可靠的结论，为中国出口产品质量的提升提供了政府层面的决策依据。

第三，可以为世界上其他转型国家提供有益借鉴。抛开基本经济制度因素，中国从封闭、半封闭经济向开放经济转变，从粗放经济方式向集约型发展方式转变，是世界公认的比较成功的国家。中国的对内改革与对外开放并举，"摸着石头过河"，先试点后推广；进行国有企业产权改革，提升国有资本竞争力和控制力；重视人力资本的作用，大力发展高等教育等，可以为其他转型国家提供有益借鉴。

第四，可以为多项政策的评估提供新的视角。古往今来，大多数社会动荡、政权更迭，原因最终都可以归结为没有形成有效的国家治理体系和治理能力。要更好发挥中国特色社会主义制度的优越性，实现制度的现代化，就必须从各个领域推进国家治理体系和治理能力现代化。改革开放以来特别是党的十八大以来，我国不断完善经济制度，并且相当多的制度目前仍然在发挥作用。虽然已经有诸多文献对这些制度的经济、社会福利影响进行了多方面的评估，但鲜有文献从开放视角出发，对出口产品质量层面进行考察，这有助于丰富各项政策的评估视角，进而有助于提升国家治理能力的现代化和法治化水平。

第二节 研究内容

本书共分为七个部分，主要研究内容如下：

第一章为绪论。主要介绍本书的研究背景、研究意义、研究内容、研究方法和创新之处。

第二章为文献述评。主要对相关理论的现有研究文献进行系统的梳理和总结。

第三章为简政放权改革对企业出口的影响。拟回答目前中央和各级地方政府大力推动的简政放权改革是否可以有效促进企业出口。如果可以促进出口，那么是否有助于培育新的竞争优势。本章利用中国工业企业数据库和中国海关数据库的匹配数据，基于2006年开始的生产企业出口退（免）税审批权下放的准自然实验，实证分析考察出口退税管理制度的简政放权改革对企业出口绩效的影响，旨在厘清简政放权改革对经济增长的作用是立竿见影还是滚芥投针，以此探究审批权下放对出口产品质量的影响机制。

第四章为最低工资标准制度对出口产品质量的影响。进入21世纪以来，在以人为本、构建和谐劳动关系的大背景下，最低工资标准的调整幅度、执行力度不断加大。劳动者的权利意识和平等意识增强，不仅更加关注法定权益的实现，而且要求增加工资、改善劳动条件和共享发展成果的愿望更加强烈。劳动力市场出现的这些明显变化，将在很大程度上改变劳动关系双方力量的平衡，最终很可能会推动最低工资标准不断上调。这就引出一个十分重要的问题：最低工资标准的不断提高是否会导致劳动要素密集度的逆转进而影响企业的国际竞争力呢？基于手工查找的 2005～2010 年全国 2855 个县区最低工资标准数据、中国工业企业和中国海关进出口数据库的匹配数据，本章实证研究了最低工资标准对企业出口产品质量的影响。

第五章为国有企业改制对出口产品质量的影响。《中共中央、国务院关于深化国有企业改革的指导意见》提出，"到 2020 年，培育一大批具有创新能力和国际竞争力的国有骨干企业，国有经济活力、控制力、影响力、抗风险能力明显增强"，那么从出口产品质量视角来考察国有企业改革的影响是应有之义。为此，在构建理论模型的基础上，本章首先使用双重差分法实证检验了国有企业改革对出口产品质量的影响；其次进一步考察了改制后国有股权比例与企业出口产品质量可能存在的非线性关系，并且从改制后的企业类型（民营企业和外资企业）、产品类型（同质性产品和差异性产品）和行业类型（垄断行业和竞争行业）三个方面考察了国有企业改革对出口产品质量影响的异质性；最后从生产效率、资金约束、劳动力技能三个方面考察了国有企业改革对出口产品质量的影响渠道。

第六章为高校扩招对出口产品质量的影响。近年来，关于高校扩招的文献日益丰富，当前尚未发现文献研究高校扩招对企业国际竞争力的影响。本章基于 2000～2007 年中国工业企业数据库和中国海关进出口数据库的匹配数据，使用双重差分法实证分析了 1999 年开始的高校扩招对企业出口产品质量的影响。

第七章为研究结论及政策启示。根据理论与实证研究的结论提出，提升出口产品质量、培育出口竞争新优势的政策建议。

本书的技术路线示意图见图 1-1。

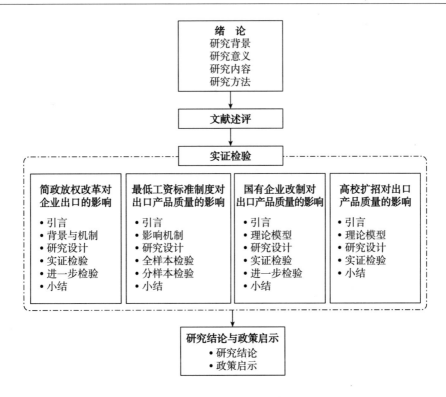

图1-1 本书的技术路线示意图

第三节 研究方法

一、研究方式

研究方式指的是研究过程所采取的具体形式或研究的具体类型。我们通常把社会研究的具体方式划分为四种主要类型：调查研究、实验研究、实地研究和文献研究。显然，本书的研究方式属于文献研究，即不是直接从研究对象那里获取研究所需要的资料，而是去收集和分析现存的，以文字、数字、图片、符号及其他形式存在的第二手资料——文献资料。

具体来说，本书使用的数据主要有两种类型：第一种是对现有的官方统计数据进行再次分析和研究，包括中国工业企业数据库、中国海关进出口数据库、各级政府部门编制的统计数据；第二种则是笔者通过手工整理建立起来的数据库，这些数据散见于各类期刊、政府工作报告、政府文件等中，其中较有代表性的是本书建立的县区级层面上的最低工资标准数据库。

二、具体研究方法

（一）数理模型构建与推演方法

基于异质性企业理论，第三章根据 Amiti 和 Khandelwal（2013）、施炳展和邵文波（2014）对模型的处理过程，对产品层面和企业层面的出口产品质量决定模型进行了构建与推演；第四、第五章则分别构建了国企改革和高校扩招影响出口产品质量的一般均衡模型，提出了相应的假说，并对其进行了实证检验。

（二）基于计量结果可信性的多种计量方法

为了提高计量结果的可信性，本书综合使用了多种不同的计量方法来应对各个研究主题。例如，基于出口退（免）税审批权限下放试点、国企改制以及高校扩招所形成的准自然实验，使用双重差分法进行了计量检验。此外，还综合使用了基于倾向得分匹配的双重差分法（PSM – DID）、两阶段最小二乘估计（2SLS）和 Heckman 两步法等计量方法。

（三）多重对比分析法

为了更为全面地分析制度设计对出口产品质量的影响，本书充分使用了对比分析法，通过对样本分组的方式进行分别回归，进而对各组回归进行对比。具体地，将企业所在行业根据要素密集度分为劳动密集型、中间密集型和资本密集型，根据竞争程度分为垄断性行业和竞争性行业；根据企业所在地区，将企业分为东部、中部、西部地区企业；根据所有制类型，将企业分为国有企业、民营企业和外资企业；根据产品特征，将出口产品分为差异性产品和同质性产品。

其他方法还包括数据收集与归结、统计作图与分析、指标度量与计算，用于实证检验中的变量设定与特征刻画，以及对出口退（免）税审批权限试点情况、中国的最低工资标准、国有企业改革进程等现实问题的统计性描述与分析。

第四节　创新之处

以异质性企业贸易理论和企业内生边际理论为主要标志的新新贸易理论是21世纪国际贸易理论的最新进展。与传统贸易理论和新贸易理论以产业作为研究对象不同，新新贸易理论进一步将考察的主体细化至微观企业层面。基于新新贸易理论关于企业异质性的分析，本书将制度对出口产品质量的影响研究进一步细化到了微观企业层面，如此可以较好地控制企业的异质性特征，得到的结论相比已有宏观研究的准确性更高。总的来讲，本书可能的创新之处如下：

首先，关于简政放权改革影响企业出口的创新点：第一，率先从出口退税制度视角考察了简政放权改革的制度红利。社会主义市场经济体制不仅强调"有效的市场"，而且强调"有为的政府"，如何使社会主义市场经济体制成为参与国际经济合作与竞争的优势要素，是一个需要研究的重大课题。本书是对社会主义市场经济条件下政府与市场关系问题的再认识，也对政府推行的简政放权改革做出了及时的回应。第二，创新性地选取出口退（免）税审批权下放这项具有明确政策目标的改革试点作为研究的切入口，并使用双重差分法进行了系统的实证研究，较好地克服了以往研究中无法有效处理的量化指标选取和内生性问题，提高了研究结论的可靠性。第三，丰富和补充了出口退税制度影响企业出口绩效的研究。既有文献主要关注退税率变化的经济影响,本书则从出口退税的速度变化视角进行了考察,并进一步探究了对出口产品质量的影响。这一方面有助于丰富和完善出口退税制度的相关研究,另一方面也可以为我国出口退税制度的制定提供决策参考。

其次,关于最低工资标准影响出口产品质量的创新点:第一,率先探讨了最低工资标准对企业出口产品质量的影响。完善最低工资制度和提升企业出口产品质量都是非常重要的政策研究课题,从多个角度通过科学的方法厘清二者之间的关系,一方面有助于拓展最低工资制度的评估视角;另一方面也对深化我们对提升出口产品质量以培育外贸竞争新优势的认识有所裨益。第二,回答了更长时期里中国企业出口产品质量是否得到提升这一重要命题。首次使用出口企业所在城市到最近大港口的距离作为产品价格的工具变量,对 2000 ~ 2011 年的中国出口产品质量进行了测算。第三,所使用的最低工资标准数据是目前研究中最为完整和细化的数据。本书手工收集了 2005 ~ 2010 年 2855 个县区层面的最低工资标准数据,相比使用省级或市一级最低工资标准,该数据层面更细,可以更好地反映最低工资标准在地区间的差异。

再次,关于国有企业改革影响出口产品质量的创新点:第一,本书率先从出口产品质量视角考察了国有企业改制的经济影响。既有研究基于国有企业脱困的现实背景,主要围绕就业、产出绩效、生产效率等展开了多方面的分析,不同于现有文献的是,本书在构建理论模型的基础上,进一步考察了国有企业改制对出口产品质量的影响。第二,进一步拓展了中国出口产品质量所有制异质性的相关研究。已往代表性的文献基于中国海关进出口数据,考察并比较了不同所有制类型企业的出口产品质量的表现,本书则主要考察了国有企业改制为非国有企业后出口产品质量的变化。

最后,关于高校扩招对出口产品质量的影响的创新点:第一,较早从出口产品质量视角考察了高校扩招对企业的影响。已往代表性文献重点关注了高校扩招对大学生就业、教育机会、工资水平、职业流动和社会流动、主观幸福感、住房价格以及婚姻市场等方面的影响，其关注对象主要是学生（考生）群体，实际上除了这一群体外，高校扩招还涉及高校、用人单位甚至是地方政府等利益主体，本书重点关注了高校扩招对企业这一主要用人单位的影响。第二，本书的理论模型考察了劳动力和产品市场两个维度的异质性，从而可以解释高校扩招如何影响劳动供给者和需求方进而改变产品质量。第三，丰富了制度设计影响出口产品质量的相关研究。许多学者开始从制度层面探讨制度因素对提升一国出口竞争力以及培育出口比较优势的影响，这些能够塑造新型出口比较优势的制度具体包括契约执行制度、法律规则、金融制度和劳动力流动制度等。本书的贡献在于从国际贸易学领域关注较少但非常重要的高校扩招这一高等教育招生制度变革的视角出发，考察了其对出口产品质量的影响。

第二章 文献述评

第一节 基本概念

一、制度

关于制度的定义，《韦伯斯特字典》的解释是"制度就是行为规范"。从一般意义上对"制度"进行定义的旧制度经济学家主要有凡勃伦和康芒斯。凡勃伦在 1899 年出版的《有闲阶级论》中认为"制度实质上就是个人或社会对有关的某些关系或某些作用的一般思想习惯"。凡勃伦将制度看作人们的"一般思想习惯"，认为制度的一种形式即非正式规则。制度有两种存在形式：正式规则和非正式规则，非正式规则实际上就是以道德观念、风俗习惯和意识形态等"思想习惯"或"精神态度"的形式存在的。当然，凡勃伦并没有抓住制度最一般的本质，对制度的定义仍然不够科学。康芒斯在其《制度经济学》中将制度解释为集体行动控制个体行动。"业务规则在一种制度的历史上是不断改变的，包括国家和一切私人组织在内，对不同的制度，业务规则不同。它们有时候叫作行为的规则"。亚当·斯密将其叫作课税的原则。然而，不管它们有何差异以及名称有何不同，然而却有一点共同之处：它们指出个人能做或不能做，必须这样做或必须不这样做，可以做或不可以做的事，由集体行动使其实现。

从最一般意义上定义过制度的新制度经济学家有诺思、舒尔茨和拉坦等。诺思认为制度是"规范人的行为的规则"，与康芒斯对"制度"含义的界定基本相同，它唯一规范的是"人"的行为。诺思的"制度"含义相较于康芒斯的进步之处在于，规范人的行为的规则被细分为正式规则与非正式规则。在诺思看来，制度是社会的游戏规则，是为决定人们的相互关系而人为设定的一些制约，它构成了人们在政治、社会或经济方面进行交换的激励结构，以减少人们日常生活的不确定性。从实际效果来看，制度"定义的是社会，特别是经济的激励结构"。舒尔茨在《制度与人的经济价值的不断提高》一文中将制度定义为管束人们行为的一系列规则。舒尔茨对制度做了经典的分类：一是用于降低交易费用的制度；二是用于影响生产要素的所有者之间配置风险的制度；三是用于提供职能组织与个人收入流之间的联系的制度；四是用于确立公共产品和服务的生产与分配的框架的制度。舒尔茨关于制度的定义被后来研究制度的学者所接受。拉坦在《诱致性制度变迁理论》一文中也将制度定义为一套行为规则，制度被用于支配特定的行为模式与相互关系。

二、竞争新优势

党的十八大报告和2013年政府工作报告提出，要加快转变对外经济发展方式，强化贸易政策和产业政策协调，推动对外贸易从规模扩张向质量效益提高转变，从成本和价格优势向综合竞争优势转变，促进形成以技术、品牌、质量、服务为核心的出口竞争新优势。

钟山（2013）对外贸竞争新优势进行了系统分析，认为外贸竞争优势是一个国家（地区）在参与国际竞争中显现的各优势要素的集合，是支撑其外贸竞争力优于其他国家（地区）的主导性因素。新形势下"外贸竞争新优势"应具有四个特征：一是体现经济发展的阶段性（一个国家的外贸竞争优势并非一成不变，我国过去30多年的外贸高速增长，主要源于低要素成本的支撑。当前这些条件发生了变化，加快培育以技术、品牌、质量和服务为核心的外贸竞争新优势成为迫切之举；要因地制宜、因时制宜，在传统比较优势中注入更多技术、品牌、质量和服务的含量）。二是突出优势构成的系统性（外贸竞争优势由众多内部因素、外部因素汇聚形成，既包括生产要素、国内需求、产业集聚、技术能力等，也涉及更广泛的经济开放度、流通现代化水平、知识产权保护能力、商业模式创新潜力等领域，甚至一国的价值观、文化、经济结构和历史都可能成为竞争优势产生的来源。这些要素互相支撑、互相影响，共同构成了一个系统、完整、综合的外贸竞争体系）。三是发挥产业升级的引领性（在很大程度上，外贸竞争优势也是一国产业优势在国际市场环节的延伸，新形势下培育中国外贸竞争新优势，需要与推动国内产业结构升级更好地结合起来，以国内产业竞争力提升推动外贸的发展）。四是重视企业竞争的主体性（一个国家的外贸竞争优势，由政府、行业、企业共同决定，但核心是微观主体的竞争力，未来培育中国外贸竞争新优势的政策着力点，应更多地从创新能力、渠道构建、融资环境、服务增值等视角出发，推动企业更加注重从数量价格竞争向质量品牌竞争转变，培育一批组织化程度高、国际竞争能力强的跨国公司）。

裴长洪和刘斌（2019）认为中国外贸竞争新优势已初步形成，主要表现在三个方面：一是互联网与跨境电商挑战了新新贸易理论中"企业异质性主要体现于企业生产率"的基本假设，异质性消费偏好为中小企业跨境电商比较优势的形成提供了市场环境。互联网与跨境电商深刻改变了全球价值链体系中的分工模式、组织结构与微观主体，提高了服务的可贸易性，促进了制造业与服务业的深度融合，为中国向全球价值链高端跃升提供了绝佳的"弯道超车"机会。二是中欧班列的运行重塑了传统世界海运贸易的理论范式，重构了国际贸易的经济地理，改变了临海港口的经济模式，扩展了国际陆港的经济辐射范围，加快了中国"向西开放"的步伐，逐渐形成了东西共济的全球价值链"双向环流"。三是中国自由贸易试验区的试验优势、新要素禀赋优势和制度优势三重叠加，复合比较优势初现，自由贸易港建设将会把动态比较优势推进到更高层面。

三、产品质量

产品是指"过程的结果"，产品四种通用的类别为硬件、软件、服务、流程性材料。产品质量指的是在商品经济范畴，企业依据特定的标准，对产品进行规划、设计、制造、检测、计量、运输、储存、销售、售后服务和生态回收等全程的必要的信息披露。广义地讲，产品质量是指产品可以实现其使用价值满足用户需要的程度。简言之，质量就是产品的适用性，产品质量的高低直接决定产品使用价值的大小。产品能否使用户满意的关键是产品质量的优劣，最现实的质量好坏标准就是顾客满意。

第二节 制度影响出口（产品质量）的相关文献

一、制度影响贸易的研究

以 North 和 Thomas（1973）、Matthews（1986）以及 North（1990）的开创性研究为发端，近年来经济学家强调良好的制度环境特别是私有产权制度和法律制度是经济增长的重要因素（Acemoglu et al.，2005；Rodríguez – Pose and Storper，2006）。Keefer 和 Knack（1997）、Cooley（2004）、Hall 和 Johns（1999）、Olson

等（2000）、Acemoglu 等（2001，2005）、Porta 等（1997，1999）、Chor（2010）、Araujo 等（2016）、Gorodnichenko 和 Roland（2017）等进行了多个层面的计量分析。贸易也被认为是经济增长的根本动力，良好的制度环境有利于双边贸易。高质量的制度反映了促进公平竞争的环境存在多元化和包容性的政治制度，市场主体不能通过滥用市场力量来垄断贸易。实际上，较高的制度质量促进了贸易的发展（De Groot et al.，2004），而低质量的制度则降低了贸易量。此外，特定维度的制度会影响贸易，例如，较低的社会信任水平抑制了欧洲双边贸易（Guiso et al.，2009），而有效的法制和良好的非正式制度则有益于贸易（Yu et al.，2015）。

Nunn 和 Trefler（2014）回顾了贸易和制度之间相互依存关系的理论研究和实证研究，为国际贸易影响国内制度提供了充分的证据，而制度以多种方式影响贸易，特别是通过特定关系投资和合同履约的中间投入（Nunn，2007），他们的研究结果表明制度质量是贸易长期收益的唯一来源。此外，制度差异也是外商直接投资（Foreign Direct Investment，FDI）进入的重要考虑因素（Demir and Hu，2015），良好的制度架构也是 FDI 促进经济增长的必要条件（Jude and Levieuge，2016）。从理论的角度来看，Levchenko（2007）引入制度的作用，扩展了比较优势的李嘉图模型，其基础模型基于新的贸易理论发现，制度对比较优势具有积极影响。Blonigen 和 Piger（2014）使用贝叶斯估计方法，考察了制度对 OECD 国家 FDI 的影响发现，影响方向并不确定。Benáček 等（2014）发现尽管结果取决于所考察的国家群体，但制度、社会治理和政治风险是决定 FDI 流量的关键因素。

虽然制度与贸易之间的研究已经相对丰富，但"定义制度是非常困难的，目前有关该主题的文献并没有达成共同的定义"（Rodríguez - Pose，2013）。因此，Nunn 和 Trefler（2014）认为衡量不同地区的制度难度很大，各个研究大都通过简单定义以避免将问题复杂化。在后面的实证研究中，本书采取同样的做法，考察单一制度对企业出口产品质量的影响。

二、简政放权改革影响出口的研究

与本主题密切相关的文献主要有三类：第一类文献是评估简政放权改革成效的研究。目前，这一类研究主要是基于实地调研和座谈的报告，如中国（海南）改革发展研究院评估组 2015 年的调研发现，简政放权改革缓解了经济下行的压力，改革力度越大的地区经济增长越快；国家行政学院对全国 10 个省份随机完成了 1 万家企业调查，50% 以上的受访企业认为简政放权等改革"激发了市场活力和社会创造力""改善了营商环境"（马建堂，2015）。这一类报告主要通过比较简政放权改革前后的经济变化来说明改革的效果，但这只能说明简政放权改革同经济绩效变化间的相关性，而无法形成关于改革效应的因果推断，并且也很难控制地区间的诸多差异。此外，这些报告的评估指标使用"及时性""便捷性"等评价词语具有一定的主观性，但如何界定"及时性"和"便捷性"需要测评人员的自我判断，无法用统一的尺度进行衡量；并且简政放权改革实施主体的特殊性决定了在评估时相当部分的受访对象和座谈对象为政府工作人员，很容易出现"报喜不报忧"的情况，最终影响了评估结果的准确性。

第二类文献主要分析了政府管制的经济影响。从某种意义上讲，出口退（免）税审批是政府管制的一种具体形式。以 Pigou（1920）为代表的公共利益理论认为，一方面，完全放任自由的市场会出现垄断、外部性等市场失灵问题，追求社会效率的政府应通过管制来避免这些失灵并保护公共利益；另一方面，反对政府干预的公共选择理论（Stigler，1971）认为，政府的行为并非都是善意的，政府管制可能是一种创造租金和抽取租金的机制，会造成资源配置的低效率以及社会福利的损害。Djankov 等（2002）基于 85 个国家的截面数据研究发现，严格的市场准入管制通常会带来腐败和大规模的非正规经济。与本书关系最密切的是以下 2 篇着眼于简政放权改革的文献，陈刚（2015）基于 4 期 CGSS 数据发现，政府管制显著降低了个人的创业概率；张龙鹏等（2016）通过 2008 年世界银行营商环境报告和 2011 年中国家庭金融调查数据发现，地区行政审批强度的提升降低了当地居民的创业倾向和创业规模。以上文献为理解政府管制的经济影响提供了很好的基础，但还存在以下可能的改进空间：第一，上述 2 篇文献都使用早期的政府管制水平来考察其对后期个体创业的影响，暗含的假设是政府的管制水平长期保持不变，然而中国的行政审批制度安排是一种渐进式改革，基本上遵从了由点到面、由浅至深的渐进式改革路径，典型的如浦东新区 2001～2013 年经历了 6 轮改革才将审批时限从 30 个工作日压缩为 8.4 个工作日（程惠霞和康佳，2015）。第二，陈刚（2015）使用世界银行中国企业调查数据获得的 2005 年企业与政府打交道的平均天数来衡量政府管制水平，但样本数量有限，代表性不足；张龙鹏等（2016）使用省级层面的行政审批强度，忽视了城市层面的差异，而导致回归结果的精确度受到一定影响。

第三类文献聚焦于中国出口退税率调整的政策评估。王孝松等（2010）基于 2008 年 8 月上调纺织品出口退税率的实证研究发现，提高出口退税率有效促进了中国纺织品对美出口。白重恩等（2011）基于 2007 年 7 月出口退税政策调整的研究发现，出口退税率对出口增长率产生了负向影响，并且对易引起贸易摩擦的商品影响更大。Chandra 和 Long（2013）发现出口退税率上调对中国企业出口额的影响显著为正，出口退税率每提高 1%，企业出口额将增长 13%。An 等（2017）基于 2000～2006 年数据则发现，在使用工具变量和控制出口自选择效应后，行业层面的出口退税率每提高 1%，企业出口额将提高 0.2%，区域层面的加权平均出口退税率每提高 1%，企业出口额则会下降 0.02%。这一类文献主要研究了出口退税率大小的变化所带来的影响，而没有从出口退税速度的快慢变化来进行考察。从企业退税业务的实践来看，退税速度越慢意味着退税期限越长，在考虑资金贴现率的情况下企业获得的实际退税就越少，也就降低了出口退税政策的有效性。此外，已有研究对于中国出口退税的政策评估主要围绕出口额与出口产品价格展开，而没有涉及当前备受关注的出口产品质量等出口竞争新优势。

三、国有企业改革影响出口产品质量的研究

与本主题密切相关的文献主要有两类：第一类文献基于国有企业脱困的现实背景①，主要围绕就业（白重恩等，2006；黄玲文和姚洋，2007）、产出绩效（胡一帆等，2006；白重恩等，2006；刘慧龙等，2014）、生产效率（Xu et al.，2005；刘小玄和李利英，2005；陆挺和刘小玄，2005；宋立刚和姚洋，2005；胡一帆等，2006；Chen et al.，2006；Hsieh and Song，2015）和利润率（Sun and Tong，2003；宋立刚和姚洋，2005；胡一帆等，2006；Fung et al.，2008；Bai et al.，2013）等展开了多方面的分析，一个基本的结论是国有企业改制可以带来效率和经济效益的改善，而且没有发现大的社会成本。近期的文献研究视角更趋多样化，代表性的文献考察了国有企业改制对成本加成（盛丹，2013）、企业投资（徐明东和田素华，2013）、经济增长（许召元和张文魁，2015）、劳动者工资议价能力（盛丹和陆毅，2017）等方面的影响。总的来说，以上文献从不同角度为我们理解国有企业改制的经济影响提供了深刻的见解，但忽视了国有企业改制的重要背景是日趋激烈的国际竞争以及改制的重要目的在于提高中国企业的国际竞争力问题。阅读所及，尚未发现有文献对国有企业改制与出口产品质量的关系进行检验。与本主题研究最为密切的文章为 Todo 等（2014），该文基于2000～2007 年的中国工业企业数据发现，国有企业改制主要通过改变企业的风险偏好和利润观念提高了企业出口倾向。不同于该文献的是，本书在构建理论模型的基础上，进一步考察了国有企业改制对出口产品质量的影响。除了出口倾向与出口产品质量属于不同的研究对象外，新常态下的中国已经将提升产品质量作为培育出口竞争新优势的关键着力点，从理论上讲，出口产品质量决定了一国的

---

① 面对国有经济的空前困境，1997 年秋天举行的党的十五届一中全会提出，要用三年左右的时间，使大多数国有大中型亏损企业实现扭亏脱困，使国有经济整体走出困境，力争到 20 世纪末使大多数国有大中型骨干企业初步建立现代企业制度。这就是国有企业改革攻坚和扭亏脱困的三年计划。

专业化生产、国家间的贸易方向甚至是一国的经济增长，也标志着一国产业和企业在国际市场上的竞争力（余淼杰和张睿，2016）。故而考察国有企业改制对出口产品质量的影响对当前的中国来讲具有更为重要的现实意义。

第二类文献考察了中国出口产品质量所有制差异。代表性的文献基于中国海关进出口数据，考察并比较了不同所有制类型企业的出口产品质量表现，但没有得出一致的结论①。例如，李坤望等（2014）使用单位价值量衡量出口产品质量发现，相比市场平均水平，国有企业与外资企业的新进入出口关系具有更高的出口产品质量，民营企业的产品质量最低。张杰等（2014）在采用需求结构模型以及多重工具变量计算出口产品质量的基础上发现，民营企业对中国出口产品质量增长的正向贡献率要远大于其他所有制性质的企业，国有企业对中国出口产品质量增长起到了较大负面作用。余淼杰和张睿（2017）综合考虑供给和需求因素，通过计算出口产品质量发现，产品质量的高低依次为外资企业、港澳台资企业、国有企业、民营企业和集体企业。樊海潮和郭光远（2015）的计量研究发现，相对于国有企业，外资企业产品质量较高，私营企业产品质量较低。以上文献主要考察了出口产品质量间的所有制差异，本书则考察了企业所有制类型由国有企业改制为非国有企业后，出口产品质量的变化。

四、高校扩招影响出口产品质量的研究

与本主题密切相关的文献有三类：第一类文献重点关注了高校扩招对大学生就业（吴要武和赵泉，2010；邢春冰和李实，2011；Li et al.，2014；Xing et al.，2017；Knight et al.，2017）、教育机会（吴晓刚，2009；李春玲，2010；张兆曙和陈奇，2013）、工资水平（郭庆旺和贾俊雪，2009；徐舒，2010；简必希和宁光杰，2013；马光荣等，2017；Gao and Smyth，2015；Knight et al.，2017）、

---

① 不同文献对于所有制类型的划分方法不同，但差异不大。

收入差距（Meng et al.，2013；赵春明和李宏兵，2014）、职业流动和社会流动（吕姝仪和赵忠，2015）、主观幸福感（Hu，2015；马汴京，2017）、住房价格（陈斌开和张川川，2016）以及婚姻市场（吴要武和刘倩，2015）等方面的影响。以上研究无疑对理解高校扩招的影响提供了深刻的见解，但其关注对象主要是学生（考生）群体，实际上除了学生（考生）群体外，高校扩招还涉及高校、用人单位甚至是地方政府等利益主体，本书重点关注了高校扩招对企业这一主要用人单位的影响①。与本主题关系最为密切的文献是 Che 和 Zhang（2017），该文使用双重差分法考察了高校扩招对企业生产效率的影响发现，人力资本密集度较高行业内的企业在 2003 年之后，全要素生产率实现了更大幅度的提高。不同于该研究的是，本书考察了高校扩招对企业出口产品质量的影响，生产效率与出口质量毕竟是不同的研究对象，生产效率也只是影响出口产品质量的一个因素，高技能劳动力投入、资金投入等也起着重要作用（Kugler and Verhoogen，2012；Manova and Zhang，2012；Halpern et al.，2015）。

第二类文献重点关注了制度安排对出口产品质量的影响。许多学者开始从制度层面探讨制度因素对提升一国出口竞争力以及培育出口比较优势的影响，这些能够塑造新型出口比较优势的制度具体包括契约执行制度、法律规则、金融制度和劳动力流动制度等（Berkowitz et al.，2006；Ju and Wei，2010；Nunn，2007；Nunn and Trefler，2013；Ding et al.，2018）。生产高质量产品需要高质量的中间投入（Goldberg et al.，2010；Kugler and Verhoogen，2012）以及高技能的劳动者（Verhoogen，2008；Brambilla and Porto，2016），而制度安排则会影响要素的配置进而影响到出口产品质量。其中，从制度视角考察出口质量的研究见于贸易制度（Bas and Strauss-Kahn，2015）、最低工资制度（许和连和王海成，2016）、金融

---

①　岳昌君（2012）利用北京大学教育经济研究所于 2003 年、2005 年、2007 年、2009 年和 2011 年进行的 5 次全国高校毕业生的抽样调查数据发现，企业是吸纳毕业生就业的最主要单位，占比在 50% 以上，并且呈现上升的趋势。

制度（张杰，2015）、司法制度（Essaji and Fujiwara，2012；余淼杰等，2016）等。本书的贡献在于从国际贸易学领域关注较少但非常重要的高校扩招这一高等教育招生制度变革的视角出发，考察了其对出口产品质量的影响。

第三类文献基于传统贸易理论，认为出口竞争力取决于出口产品与本地产品（本地生产或者从其他国家进口）的相对价格，诸多关于中国出口产品竞争力来源的研究分别从劳动力成本（茅锐和张斌，2013）、人民币汇率（陈斌开等，2010）、生产效率（文东伟等，2009；鲁晓东，2014）等方面进行了分析。进入21世纪以来，随着新新贸易理论的兴起，研究的关注点逐渐转向了以产品质量为代表的非价格性竞争力因素对出口竞争力的影响，产品质量是企业利润最大化行为的均衡结果，产品质量越高，企业投入的固定成本和可变成本越高，出口价格更高；从需求角度看，消费者同时考虑产品价格和产品质量，尽管高质量产品价格高，但在考虑"性价比"后，高质量产品的实际价格可能更低，因此这一类产品更具有消费者认可度和获利能力（Baldwin and Harrigan，2011）。本书研究发现，始于1999年的高校扩招显著提升了企业出口产品质量，从实证上为中国在用工成本持续上升以及2005年汇改后人民币持续升值后，出口依然保持着竞争力提供了新的解释。

第三章　简政放权改革对企业
出口的影响

第 一 节　引　言

　　本章主要关心的问题是目前中央和各级地方政府大力推动的简政放权改革是否可以有效促进企业出口？如果可以促进出口，那么是否有助于培育新的竞争优势？

　　目前学界对于简政放权的含义仍没有统一的界定。1978～2015 年，《人民日报》论及"简政放权"共计 191 次（见图 3 - 1）。第一个高峰出现在 1984 年，1984 年《中共中央关于经济体制改革的决定》首次在政策话语体系中出现"简政放权"①，主要内容是企业放权让利。"文化大革命"后期国民经济处于崩溃边缘，人民生活长期处在艰难境地，而转变初期的政治和经济决策的不连续性又导

---

　　① 《中共中央关于经济体制改革的决定》提出简政放权的主要目的在于实现"实行政企职责分开，即确立国家和全民所有制企业之间的正确关系"，"扩大企业自主权，增强企业活力"。

致了国民经济的再度调整，企业放权让利冲破了旧体制的束缚，促进了经济的复苏和发展（吴敬琏，1987），也为后来的经济体制改革做了重要铺垫。

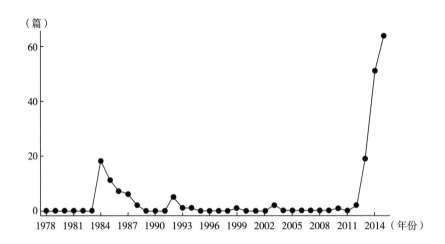

图 3 - 1   1978 ~ 2015 年《人民日报》提及"简政放权"的文章数量

资料来源：人民日报图文数据库，并由笔者整理得到。

从更广义的范围来讲，简政放权改革自 1978 年之后便从未停止，并在 2013 年党的十八届三中全会后达到第二个高峰，开始借鉴世界上制定负面清单的通行做法。2013 ~ 2017 年，简政放权已经连续 5 年成为国务院第一次常务会议上的重点部署工作，仅在 2016 年就取消了 165 项国务院部门及其指定地方实施的审批事项，清理规范了 192 项审批中介服务事项、220 项职业资格许可认定事项。根据国务院总理李克强 2016 年在全国推进简政放权放管结合优化服务改革电视电话会议上的讲话①，"简政"指的是精简政府管理事务，"放权"指的是向下一级政府、市场和社会放权，因此，简政放权改革的内容极具广泛性和复杂性。同时，这也决定了我们不可能在一章中对所有相关的改革进行全面、系统的研究，

---

①   《深化简政放权放管结合优化服务　推进行政体制改革转职能提效能——在全国推进简政放权放管结合优化服务改革电视电话会议上的讲话》（2016 年 5 月 9 日）。

可行的办法是选取某一有代表性的简政放权改革事件，以小见大，切中肯綮。

出口退（免）税审批权下放就是这样一种简政放权改革。自20世纪90年代以来，我国的出口退税政策屡经改革，制度安排日臻完善，对出口贸易起到了举足轻重的作用。其中，在防范骗税的前提下，加快退税速度成为支持和鼓励我国出口贸易发展的重要抓手，这一举措被赋予"支持外贸稳定增长"[1]"提升外贸发展传统优势，培育以技术、品牌、质量、服务为核心竞争力的外贸新优势，提高外贸发展质量和水平，促进外贸可持续发展"[2]"努力巩固外贸传统优势，加快培育竞争新优势"[3] 等政策目标。2006年5月，国家税务总局开展了下放出口货物退（免）税审批权试点工作，出口退（免）税审批权下放，一方面是市一级向县一级的放权；另一方面涉及出口企业办理退（免）税业务流程的精简，因而具有"简政放权"的性质[4]。更为重要的是，作为中国渐进式改革的一部分，出口退（免）税审批权下放的过程有先有后，是逐步推行的，这种制度变革在地区和年份中的差异性构成了"准自然实验"，为我们提供了一个很好的研究机会。在利用中国工业企业数据库和中国海关进出口数据库2001～2009年匹配数据的基础上，本章使用双重差分法探究了出口退税管理制度的简政放权改革对企业出口绩效的影响。

我们选取出口额、出口产品质量与出口产品价格作为出口绩效的代理变量，原因如下：第一，自1985年3月国务院批准《关于对进出口产品征、退产品税或增值税的规定》起，出口退税政策就将"鼓励企业出口创汇，增加国家外汇储备"作为主要目标。可以说，出口退税制度的政策安排在相当长的时间内都是围绕出口贸易增长和贸易收支状况的好坏来展开的（裴长洪，2008），而无论是

---

① 《国务院办公厅关于支持外贸稳定增长的若干意见》（国办发〔2014〕19号）。
② 《商务部　发展改革委　财政部　人民银行　海关总署　税务总局　质检总局　银监会　保监会　外汇局关于加快转变外贸发展方式的指导意见》（商贸发〔2012〕48号）。
③ 《国务院关于加快培育外贸竞争新优势的若干意见》（国发〔2015〕9号）。
④ 关于出口货物退（免）税审批权试点工作详见本章第二节。

我国应对 2003 年 "非典" 疫情还是 2008 年国际金融危机带来的出口量大幅降低，加快出口退（免）税速度都成为重要抓手①。此外，我国的出口退税率一直在减轻财政压力和刺激出口的矛盾中间寻找平衡：出口形势好会导致退税压力大，则下调出口退税率；出口不振或减缓则会上调出口退税率。在不增加政府财政支出的情况下审批权下放可以有效促进出口，那么在一定程度上可以避免财政压力和刺激出口无法两全的难题，显然这是政策制定者乐见的事情。因此本章将出口额作为出口绩效的主要代理变量。第二，对于选取出口产品质量作为指标，2002 年以来我国对外贸易持续出现高速增长和大额贸易顺差，出口退税的政策目标逐渐转换到 "优化出口产品结构，提高出口效益，促进外贸和经济持续健康发展" 上来②。出口产品质量决定了一国的专业化生产、国家间的贸易方向甚至是一国的经济增长（Feenstra and Romalis，2014），也标志着一国产业和企业在国际市场上的竞争力（余淼杰和张睿，2016），因此出口产品质量是衡量一国出口转型升级的代表性指标。第三，对于出口目的国的消费者来讲，提高中国出口产品竞争优势无非是优质高价和优质低价两种情况，优质高价对于企业来说是一种理想的结果，但在产品质量同等甚至是更高的情况下，相对较低的产品价格仍然是企业参与国际市场竞争的重要手段，要创造新的国际竞争优势，并不意味着必然要放弃和忽视过去的低制造成本竞争优势（裴长洪，2010）。这就引出了本章选取的第三个出口绩效指标——出口产品价格。

---

① 2013 年春季，我国部分地区流行 "非典型肺炎"，《国家税务总局关于进一步加强税收征管做好组织收入工作的通知》（国税发〔2003〕55 号）提出，要切实提高工作效率，加快退税进度，缓解外贸出口企业的资金困难。为应对 2008 年国际金融危机对我国实体经济及外贸出口的影响，《国家税务总局关于应对国际金融危机做好出口退税工作的通知》（国税函〔2009〕24 号）提出，各级税务机关在受理出口企业的出口退（免）税申报后，要切实提高工作效率，在按照现行出口退税有关规定认真审核的基础上，及时、准确地办理出口退税，有效提高出口退税进度。各地如果出现出口退税计划不足的情况，要及时向税务总局反映，申请追加计划。不得以计划不足等原因拖延办理出口退税。

② 《国务院关于改革现行出口退税机制的决定》（国发〔2003〕24 号）。

第二节　制度背景与影响机制分析

一、制度背景

政策试点是中国治理实践中特有的一种治国理政策略和政策工具，是渐进转轨路径和"摸着石头过河"思维的具体实现形式（周望，2013），其包括各种形式的试点项目、试验区等，并衍生出了"典型示范""先行先试""以点促面"等很多我们耳熟能详的词汇。政策试点的意义在于在信息不完全的情况下，先在局部范围内试行某些改革政策，用较小的局部不协调成本①，来节省全局范围的"信息成本"。如果全局改革失败，会造成较大范围的混乱和极大的成本，而局部试点所提供的制度细节信息，将有助于在全国进行改革时大大节省由信息不完全所导致的混乱与无序（樊纲，2009）。本章所考察的出口退（免）税审批权下放正是这样一种政策试点。

本部分着重以历年政府颁发的文件作为依据，以梳理出口退税管理制度变迁的因果证据。中国的出口退税政策发轫于1985年，起初由于出口量不大，出口退税规模较小，出口退税管理基本上是实行四级审核。出口退税的审核、审批权限及工作程序由国家税务总局各分局和国家税务总局直属进出口税收管理处确定。出口退税的审批须由国家税务总局中心支局以上（包括中心支局）税务机关负责②，除了计划单列市外，出口退税的审批权大都集中在省一级的国家税务局。此后，随着出口贸易的高速增长，出口退税的审批量越来越大，致使审批效

---

① 不协调成本实际上就是现实中为获取较完全的制度信息所需付出的代价。
② 《国家税务总局关于印发〈出口货物退（免）税管理办法〉的通知》（国税发〔1994〕31号）。

率逐渐降低，审批时间变长。2002 年，国家税务总局下发《生产企业出口货物"免、抵、退"税管理操作规程（试行）的通知》，要求退税部门每月 15 日前受理生产企业上月的"免、抵、退"税申报后，应于当月底前审核完毕并报送地、市级退税机关或省级退税机关审批。出口退税的审批权下放至市一级国家税务局，基本上形成了三级审核制度，即审批权主要集中在市一级国税机关，审核权集中在县一级国税机关①。

自实施出口退税政策以来，出口退税率不断提高，骗取出口退税的违法犯罪活动也相继发生。如 2001 年广东的潮汕地区发生了新中国成立以来金额最大、涉及人员最多的骗税案件②。该案曝光后，国家税务总局要求，企业出口货物任何一个环节或供货地涉及潮汕地区的，不论申请退税适用何种退税管理办法，也不论在何处报关，都要在退税申报单证齐全、真实、相关电子信息无误、排除任何疑点的情况下才能办理退税③。出口退税管理部门在业务实践中为了核实企业的生产能力及税款缴纳情况，需要发函给货源地税务机关，甚至要追溯两个环节以上。然而这种做法极大地降低了退税的速度，县（区）国家税务局将出口企业申报退税的资料报市国家税务局后，市国家税务局对申报资料情况进行审核，实际上是"就单审单"。由于市级国家税务局对相当一部分企业运行状况并不熟悉，需要到各县（区）对企业进行实地调查，这无疑会导致审批时间变长，影响了出口企业资金流转，违背了出口退税的效率原则。此后，在防范打击骗取出口退税、防患于未然的前提下，出口退税单证和程序不断简化。而随着退税管理信息化、一体化水平的提升、管理制度的完善以及退税管理人员素质的提高，进一步地下放出口退（免）税审批权成为可能。

---

① 《国家税务总局关于印发〈生产企业出口货物"免、抵、退"税管理操作规程〉（试行）的通知》（国税发〔2002〕11 号）。

② 经专案组查实，汕头、普宁两地犯罪分子伪造、虚开增值税专用发票 17.2 万份，虚开金额共约 323 亿元，涉嫌偷骗税近 42 亿元。

③ 《国家税务总局关于严格加强广东省潮汕地区购进出口货物退（免）税管理的通知》（国税函〔2000〕51 号）。

2006年5月29日，国家税务总局为优化出口退税服务，进一步加强征、退税工作的衔接，《国家税务总局关于开展下放出口货物退（免）税审批权限试点工作的通知》（以下简称《通知》）决定开展下放出口货物退（免）税审批权限的试点工作，提出要下放出口货物退（免）税审批权限，将出口货物退（免）税审批权由设区的市税务机关下放到县级税务机关，实现了严格意义上的征、退合一。产生试点的方式有国家税务总局指定和地方主动申请并获批这两种方式，《通知》选定浙江省、江苏省为省级试点单位，其他省份可以结合本地区的实际情况，选择1~2个市进行下放生产企业的审批权限试点，条件不具备的省份可以暂不进行。

由于"政策试点"是一次"试错"的过程，其所带来的风险和成本不容忽视，这就要求参与试点的地区应具备相应的能力和条件。《通知》规定"下放的条件是县级税务机关出口退税额达到一定规模、成立了专门出口退税管理机构或有专职出口退税管理人员，且岗位的配置符合监督制约的要求"，并规定"审批权限下放的县应符合成立专门的出口退税管理机构或从事出口退税管理的专职人员在2人以上的条件"[1]。

此外，由于试点过程中要做到"先行先试"，参与者需要承担一定的风险和成本，但也可能会获得额外的"政策红利"。基于这两者孰大孰小的不同预期，各地参与试点的积极性有高有低，山东省选取了出口额位于全省前4的城市作为试点；福建省则选取出口额居于第2位的福州市和第3位的泉州市作为政策试点，没有选择第1位的厦门市；广东省的试点城市佛山市和江门市出口额在全省20个城市中排第4位和第8位。[2]

---

① 《国家税务总局关于开展下放出口货物退（免）税审批权限试点工作的通知》（国税函〔2006〕502号）。

② 以上排名全部基于2005年的数据。

二、影响机制分析

出口退（免）税是对报关出口货物退（免）在国内各生产和流通环节所缴纳的增值税和消费税。以增值税的退税为例，增值税是对企业销售收入减去其购买原材料等成本后的增加值征税。退税额的大小取决于退税率和计税依据两个方面。在理想情况下，如果对出口货物本身免征最后这一环节的增值税，则退税的计税依据应该是出口企业购买中间投入所缴的增值税（进项税）。企业在享受了对中间投入所征增值税的退税后，其中间投入的"价格"下降，出口给企业贡献的利润就越大，从而激励企业增加出口（白重恩等，2011；Chandra and Long，2013）。然而，在考虑资金贴现率的情况下，企业实际收到的退税额就仅取决于退税率和计税依据，还取决于退税期限。退税期限越长，将会给出口企业带来额外的财务费用，实际获得的退税就越少①。普遍的现实情况是出口退税审批周期较长、手续多，退税延迟时有发生。

出口退（免）税审批权下放对出口退税速度有何影响呢？一方面，出口退（免）税审批权下放可能会提高出口退税速度。公共选择理论认为，和上一级政府相比，下一级政府在资源配置上具有信息优势（Oates，1972），换言之，下一级政府可以更好地提供各种公共服务以满足当地企业需要，并且下一级政府官员承担起提供公共服务的责任时，也就处于当地企业更严密的监督之下，其更有动力去行使其职能以为公众谋求最大利益（林毅夫和刘志强，2000）。根据政策设计的初衷，审批权下放后出口退（免）税由县一级国家税务局直接进行审核，地理位置的邻近使其对出口企业的生产、缴税等情况更为了解，并可以较为便利地进行实地调查，有助于加快出口退税速度（审批环节减少导致的"退税加速效应"）。

---

① 对于退税金额较大的企业，增加的财务费用和成本会更加明显；对于中小出口企业来讲，其流动资金相当一部分依靠退税资金来运转，较慢的退税速度在一定程度上影响了企业流动资金的运转。

另一方面，出口退（免）税审批权下放作为一种不同层级政府间权力的转移，是一种典型的公共权力委托—代理行为，可能导致出口退税速度变慢（委托—代理失灵导致的"退税延缓效应"）。具体来说，公共权力委托—代理失灵可能表现在以下三个方面：一是内部人控制问题，代理人通过其信息优势和权力侵犯委托人的利益。密尔（1982）认为，"最理想的公共机关构成莫过于管理的利益与其职务完全一致"。从中国的现实国情来看，政府层级越低就越有可能受到利益牵制。出口退（免）税审批权限由市级下放到县级后，退税管理人员同企业直接接触的机会更多，向企业设租、寻租更加便利，存在为了寻租而故意延长出口退税审批时间的可能。二是激励失灵问题，由于无法为政府提供的服务进行定价，政府存在的目的也并非获利，因此公务员的工资水平主要取决于劳动力市场因素和政治决策因素，而非产品市场因素（刘昕和董克用，2016）[①]。审批权下放后，县级税务机关退税管理人员工作量、工作难度会出现较大幅度的增加，而工资提高的可能性很小，管理人员出现懒政、惰政的可能性较大，审批时间变长。三是约束失灵问题，同大多数发展中国家一样，中国地方政府的公务员并非通过民主选举产生（林毅夫和刘志强，2000），即使出口退税业务处理缓慢或出现处理失误，也基本上不存在失业问题。

显然，出口退（免）税速度的快慢会影响到企业的资金约束。虽然自改革开放以来，中国的金融体制历经多轮改革，但仍然呈现出明显的金融压抑特征，很多企业面临较强的银行融资约束（林毅夫和孙希芳，2008；Song et al.，2011），在流动资金的融资方面表现得尤为突出。因此，出口企业的流动资金相当一部分依靠退税资金来运转，如果退税审批时间过长，则会使企业无法回笼资金，影响企业流动资金的运转。一些企业为了保持正常运转，需要采取其他融资

[①]　按现行制度规定，在全国范围内职务和级别相同的公务员，不管所属部门、行业和地区是否相同，其工资水平大体相同。虽然北京、上海、广东等发达地区的公务员收入的绝对数量比落后地区的公务员收入要高很多。但如果参照各地的经济发展水平和物价水平，比较不同地区公务员的实际购买力后发现，越是发达的地区，公务员的收入就处于越低的水平。

方式甚至民间借贷的方式来解决流动资金不足的问题，这无疑会增加企业的融资成本。理论和实证研究已经证明，资金约束是影响企业出口额的重要因素（Minetti and Zhu，2011）。根据 Manova（2012），资金约束降低，意味着企业出口的可变成本降低，进而会增加企业出口额。资金约束影响出口产品质量的作用机制在于，当企业面临较高的资金约束时，大都会压缩研发费用、减少对高质量中间品的进口等，从而不利于出口产品质量升级（Bernini et al.，2015；Crinò and Ogliari，2017）。对于出口产品价格，一方面，资金约束缓解会降低企业的财务成本，有助于降低产品价格（成本调整效应）；另一方面，根据新新贸易理论，产品质量对价格有着重要影响，产品质量越高，企业对产品的定价就越高（Bastos and Silva，2010；Manova and Zhang，2012），企业资金约束的缓解使得企业生产更高质量的产品，进而提高产品的价格（质量调整效应）。因此，资金约束缓解对出口产品价格的影响取决于"成本调整效应"和"质量调整效应"的相对大小。如果"成本调整效应"大于"质量调整效应"，则会降低出口产品价格；反之，则会提高出口产品价格。

综上，出口退（免）税审批权下放对企业出口绩效的影响是不确定的，需要通过严格的实证研究才可以得出确定的结论，其影响机制见图 3 - 2。

图 3 - 2　出口退（免）税审批权下放对企业出口的影响机制

第三节 研究设计

一、数据来源与处理

本章的数据主要来源于以下三个方面：

第一，2001～2009 年企业层面的生产数据，来源于国家统计局的中国工业企业数据库。考虑到企业直报数据中的错报问题，参考已有文献做法剔除了异常样本：一是部分企业的法人代码发生了改变，本章参考 Brandt 等（2012）的做法，重新构建了面板数据；二是我国的行政区划进行了多次调整，可能会导致年份之间不可比，我们将行政代码重新调整为 2002 年的行政区划代码；三是部分企业提供的信息存在遗漏和错误，删除企业员工少于 10 人，总资产、净固定资产、销售额、工业总产值缺失，流动资产大于总资产，总固定资产大于总资产的观测样本；四是遵循 Brandt 等（2017）的做法，对主要变量进行了价格指数平减。

第二，相应年份产品层面的中国海关出口数据，来源于中国海关进出口数据库。借鉴 Yu（2015）的方法，分别通过两个数据库中企业名称和年份、企业电话号码的后 7 位和所在地的邮政编码两种方法进行匹配。

第三，出口退（免）税审批权下放试点城市名单数据。收集步骤如下：一是根据各省国家税务局网站的政务信息公开方式，通过电话或电子邮件就其所辖城市下放出口退（免）税试点城市的名单和时间申请信息公开；二是通过北大法宝数据库对各省的法律法规进行查找；三是通过各省、市国家税务局官网查找；四是通过中国知网、万方、维普等数据库搜寻涉及出口退（免）税试点的省市政府公报、报纸以及学术论文；五是通过百度等搜索引擎进行搜索。

二、计量模型设定与变量说明

从出口退（免）税审批权下放试点政策的制度设计和实施来看，选取哪一个城市作为试点对企业来讲都属于一个外生事件，单一企业无法决定所在城市是否被选为试点城市，因此该政策符合双重差分法的外生性假设。遵循 Bertrand 等（2004）的双重差分法设定思想，设定如下三个基础计量模型来检验前文的研究假设：

$$value_{ist} = \alpha_1 + \alpha_2 D_{st} + \delta X_{ist} + \eta_i + \varphi_s + \lambda_t + \varepsilon_{ist} \tag{3.1}$$

$$quality_{ishct} = \beta_1 + \beta_2 D_{st} + \delta X_{ist} + \eta_i + \varphi_s + \lambda_t + \eta_{hc} + \varepsilon_{ishct} \tag{3.2}$$

$$price_{ishct} = \gamma_1 + \gamma_2 D_{st} + \delta X_{ist} + \eta_i + \varphi_s + \lambda_t + \eta_{hc} + \varepsilon_{ishct} \tag{3.3}$$

其中，i 代表企业，s 代表城市，t 代表年份，h 代表海关 HS 6 位编码产品，c 代表出口目的国；出口额（$value$）用出口交货值来衡量，取自然对数；出口产品质量（$quality$）借鉴 Johnson（2012）、Fan 等（2015）的做法进行测算[①]；出口产品价格（$price$）使用单位价值量衡量，取自然对数。当某市在某年被选为出口退（免）税审批权下放试点城市，则在试点当年及该年之后，D_{st} 赋值为 1，其他赋值为 0，这实际上是一个二维变量，其作用等价于双重差分中的交互项，即度量了审批权下放对企业出口绩效的真实影响。根据本书的测算，自 2006 年出

---

① 通过式（3.4）计算企业 i 在年份 t 销往国家 c 的产品 h 的产品质量：

$$x_{ihct} = q_{ihct}^{\sigma-1} p_{ihct}^{-\sigma} P_{ct}^{\sigma-1} Y_{ct} \tag{3.4}$$

其中，x_{ihct}、q_{ihct} 分别为在 HS 6 位编码上，在年份 t 目的地国 c 对企业 i 进口的产品 h 的产品数量与产品质量，P_{ct} 为加总价格指数，Y_{ct} 为国家总收入，σ 为不同产品之间的替代弹性。对式（3.4）两边取对数获得实证需求方程，回归得出的残差即为产品质量：

$$\ln(x_{fhct}) + \sigma \ln(p_{fhct}) = \varphi_h + \varphi_{ct} + \varepsilon_{fhct} \tag{3.5}$$

其中，产品固定效应（φ_h）控制不同种类产品之间的价格和数量的差异；国家年份固定效应（φ_{ct}）控制目的国的价格指数（P_{ct}）和总收入（φ_{ct}）。进一步得出产品质量：

$$\hat{q}_{fhct} = \varepsilon_{fhct} / (\sigma - 1) \tag{3.6}$$

对于 σ，使用 Broda 和 Weinstein（2006）关于替代弹性的数据计算在每个 HS2 上的 σ 值。

口退（免）税审批权下放开始至 2009 年，位于试点城市的出口企业数量占全部出口企业数量的比例依次为 39.79%、38.25%、35.89%、40.79%，占比相对较高，这意味着审批权下放政策的覆盖范围较大，样本具有较强的代表性。

X 为企业层面随时间推移而变化的控制变量，包括全要素生产率（tfp），使用 Head 和 Ries（2003）的方法进行估算；企业存续年限（age），用当年年份与企业成立年份之差来衡量；资金约束（$finance$），用应收账款占主营业务收入之比来衡量，该指标越大，意味着企业资金周转期越长，缺乏资金用于支付短期债务，面临的资金约束越大（Ding et al.，2013；Manova and Yu，2016）；资本密集度（$lncap$），使用取自然对数的固定资产合计与员工人数之比来衡量；企业规模（$size$），借鉴 Kugler 和 Verhoogen（2012）的做法，使用取自然对数的企业年平均就业人数来衡量；外资企业（fie），根据企业登记注册类型，为外资企业则赋值为 1，否则为 0[①]。γ_i 为企业固定效应，φ_t 为城市固定效应，λ_t 为年份固定效应，η_{hc} 为产品—目的地国固定效应。为了消除可能的异方差和自相关，借鉴 Bertrand 等（2004）的做法，本章所有的回归在城市层面聚类。

三、描述性统计

表 3-1（a）、表 3-1（b）对比了处理组和对照组在主要年份上的特征差异。从表 3-1（a）可以看出，在尚未发生改革的 2001 年，处理组与对照组的平均出口额不存在显著差异，而在审批权开始下放的 2006 年以及此后的 2009 年，处理组企业的平均出口额与对照组的差距明显变大。从表 3-1（b）可以看出，2001 年，处理组的平均出口价格仅在 10% 的水平上高于对照组，产品质量则不存在明显差异，在 2006 年和 2009 年，处理组企业的平均出口质量与出口价

---

① 广义的外资企业包括合资经营企业（港、澳、台资）、合作经营企业（港、澳、台资）、港澳台商独资经营企业、港澳台商投资股份有限公司、中外合资经营企业、中外合作经营企业、外资企业和外商投资股份有限公司。

格与对照组出现明显差异，处理组的平均出口产品质量显著高于对照组，平均出口价格则低于对照组。以上变化是否与出口退（免）税审批权下放有关，这正是后文所要检验的关键问题。

表3-1（a）　　处理组与对照组主要特征比较：出口额样本

变量	2001 年			2006 年			2009 年		
	处理组	对照组	均值差异	处理组	对照组	均值差异	处理组	对照组	均值差异
value	9.129	9.137	-0.009	9.522	9.415	0.107	9.637	9.530	0.107
	(0.014)	(0.013)	[0.019]	(0.009)	(0.009)	[0.013]	(0.011)	(0.010)	[0.014]
tfp	3.269	3.358	-0.089	3.445	3.470	-0.026	3.624	3.642	-0.017
	(0.005)	(0.005)	[0.007]	(0.004)	(0.004)	[0.005]	(0.004)	(0.004)	[0.006]
age	9.824	11.832	-2.008	8.222	9.182	-0.960	9.184	10.034	-0.850
	(0.094)	(0.096)	[0.137]	(0.043)	(0.046)	[0.064]	(0.038)	(0.045)	[0.059]
finance	0.186	0.170	0.016	0.193	0.175	0.018	0.188	0.188	-0.000
	(0.001)	(0.001)	[0.002]	(0.001)	(0.001)	[0.001]	(0.001)	(0.000)	[0.001]
lncap	3.342	3.527	-0.186	3.616	3.633	-0.016	3.966	3.746	0.220
	(0.011)	(0.011)	[0.016]	(0.007)	(0.007)	[0.010]	(0.007)	(0.009)	[0.011]
size	5.246	5.511	-0.265	5.070	5.283	-0.214	4.934	5.272	-0.337
	(0.009)	(0.009)	[0.013]	(0.006)	(0.006)	[0.008]	(0.006)	(0.007)	[0.009]
fie	0.362	0.524	-0.162	0.400	0.514	-0.115	0.415)	0.572	-0.158
	(0.004)	(0.004)	[0.006]	(0.003)	(0.003)	[0.004]	(0.003)	(0.003)	[0.004]

注：括号内为标准差，中括号内为标准误差。

表3-1（b）　　处理组与对照组主要特征比较：出口产品质量与出口产品价格样本

变量	2001 年			2006 年			2009 年		
	处理组	对照组	均值差异	处理组	对照组	均值差异	处理组	对照组	均值差异
price	0.221	0.170	0.051	0.370	0.406	-0.036	0.521	0.525	-0.004
	(0.000)	(0.000)	[0.027]	(0.006)	(0.002)	[0.002]	(0.002)	(0.001)	[0.002]
quality	-0.190	-0.190	-0.006	-0.100	-0.133	0.033	-0.032	-0.092	0.060
	(0.005)	(0.000)	[0.005]	(0.003)	(0.005)	[0.003]	(0.003)	(0.002)	[0.003]
tfp	3.491	3.484	0.007	3.60	3.612	-0.002	3.714	3.687	0.027
	(0.003)	(0.005)	[0.003]	(0.001)	(0.007)	[0.001]	(0.002)	(0.003)	[0.002]

续表

变量	2001 年			2006 年			2009 年		
	处理组	对照组	均值差异	处理组	对照组	均值差异	处理组	对照组	均值差异
age	9. 004	9. 892	−0. 888	8. 304	9. 254	−0. 950	9. 475	(9. 894)	−0. 419
	(0. 034)	(0. 032)	[0. 046]	(0. 016)	(0. 012)	[0. 016]	(0. 015)	0. 010	[0. 015]
finance	0. 174	0. 170	0. 000	0. 187	0. 197	−0. 010	0. 172	0. 190	−0. 018
	(0. 001)	(0. 000)	[0. 001]	(0. 003)	(0. 002)	[0. 000]	(0. 001)	(0. 004)	[0. 000]
lncap	3. 601	3. 644	−0. 033	3. 795	3. 564	0. 231	4. 024	3. 706	0. 318
	(0. 006)	(0. 004)	[0. 006]	(0. 003)	(0. 003)	[0. 003]	(0. 003)	(0. 003)	[0. 003]
size	5. 860	5. 893	−0. 033	5. 581	5. 826	−0. 245	5. 373	5. 715	−0. 342
	(0. 006)	(0. 003)	[0. 006]	(0. 003)	(0. 004)	[0. 003]	(0. 003)	(0. 002)	[0. 003]
fie	0. 662	0. 786	−0. 124	0. 556	0. 691	−0. 136	0. 503	0. 668	−0. 165
	(0. 002)	(0. 003)	[0. 002]	(0. 001)	(0. 002)	[0. 001]	(0. 001)	(0. 002)	[0. 001]

注：括号内为标准差，中括号内为标准误差。

第四节　实证检验

一、基本回归

表 3 - 2 报告了基本回归结果。其中，列（1）显示，在控制了企业、城市和年份的固定效应后，D 的回归系数为 0.121，并在 1% 的水平下显著，从经济意义上来看，审批权下放使得企业出口额增加约 12%。列（2）、列（3）进一步控制了产品—目的地国固定效应，列（2）显示，D 的回归系数为 0.072，并在 5% 的水平下显著，说明审批权下放使得企业出口产品质量提升约 7%；列（3）显示，D 的回归系数为 −0.064，并在 1% 的水平下显著，说明随着审批权下放，企业出口产品价格将会下降约 6%，根据前文的理论分析，系数为负意味着审批权

下放带来的"成本调整效应"要大于"质量调整效应"。同时以上结果也意味着审批环节减少导致的"退税加速效应"大于委托—代理失灵导致的"退税延缓效应",审批权下放真正提高了出口退税速度。综上,本部分的研究表明出口退税管理制度的简政放权改革在一定程度上可以促进外贸增长(出口额的增加),在不增加财政负担的前提下延续过去的低成本优势(出口产品价格的下降),并培育以质量为基础的出口竞争新优势(出口产品质量的提升),有助于我国实现从"贸易大国"向"贸易强国"的转变。

表 3 - 2　基本回归结果

解释变量	(1)	(2)	(3)
	出口额	出口产品质量	出口产品价格
D	0.121***	0.072**	-0.064***
	(0.033)	(0.035)	(0.006)
tfp	0.301***	0.025**	0.007**
	(0.049)	(0.010)	(0.003)
age	0.049**	-0.008	0.009**
	(0.019)	(0.017)	(0.003)
$finance$	-0.314***	-0.057**	-0.057***
	(0.041)	(0.027)	(0.007)
$lncap$	0.282**	0.003	-0.001
	(0.131)	(0.008)	(0.002)
$size$	0.483***	0.013***	0.003***
	(0.063)	(0.002)	(0.000)
fie	0.039	0.000	0.004
	(0.041)	(0.062)	(0.005)
企业固定效应	yes	yes	yes
城市固定效应	yes	yes	yes
年份固定效应	yes	yes	yes
产品—目的地国固定效应	no	yes	yes
N	351748	2323741	2256644
R^2	0.848	0.555	0.681

注:①"***""**""*"分别表示在1%、5%、10%的水平下显著,括号内为城市层面聚类的稳健标准误。②如无特别说明,下表同。

二、平行趋势检验

采用双重差分法来评估退（免）税审批权下放影响的一个重要假设是，如果不存在这一政策冲击，处理组和对照组的时间趋势应该是一致的，因此需要进行平行趋势检验。此外，一些学者在肯定简政放权改革对经济增长的积极作用时，也存在着担忧：简政放权改革的作用可能并不会立竿见影，而是存在相当长的滞后期。如梁红（2015）认为，"供给端改革最大的举措就是简政放权……总体来看，这方面通常需要出慢活，要好多年以后才能看到改革红利"；任泽平（2015）则认为"改革没有三年的阵痛不可能有改革的红利"。为此，本书借鉴Beck 等（2010）的做法，设定如下计量模型：

$$value_{ist} = \alpha_1 + \alpha_2 D_{st}^{-7} + \alpha_3 D_{st}^{-6} + \cdots + \alpha_{11} D_{st}^{3} + \delta X_{ist} + \eta_i + \varphi_s + \lambda_t + \varepsilon_{ist} \qquad (3.7)$$

$$quality_{ishct} = \beta_1 + \beta_2 D_{st}^{-7} + \beta_3 D_{st}^{-6} + \cdots + \beta_{11} D_{st}^{3} + \delta X_{ist} + \eta_i + \varphi_s + \lambda_t + \eta_{hc} + \varepsilon_{ishct}$$

$$(3.8)$$

$$price_{ishct} = \gamma_1 + \gamma_2 D_{st}^{-7} + \gamma_3 D_{st}^{-6} + \cdots + \gamma_{11} D_{st}^{3} + \delta X_{ist} + \eta_i + \varphi_s + \lambda_t + \eta_{hc} + \varepsilon_{ishct}$$

$$(3.9)$$

模型中 $D_{st}^{\pm j}$ 为一系列虚拟变量，当处理组在审批权下放前的 j 年时，D_{st}^{-j} 取值为 1；当处于审批权下放后的 j 年时，D_{st}^{+j} 取值为 1；除此之外，$D_{st}^{\pm j}$ 均取值为 0。以审批权下放的当年作为参照组，回归结果中的 $D_{st}^{\pm j}$ 的系数就表示与此参照组相比，在审批权下放前后的第 j 年，处理组和对照组的出口绩效变化趋势是否存在显著差异。为了更加直观地表现估计结果，图 3 - 3 中画出了 $D_{st}^{\pm j}$ 的系数走势，横轴表示距离试点前后的年份，纵轴是估计值的大小。

可以看出，当 $j = -7，\cdots，-1$ 时，D 的系数不显著，也就是说在审批权下放前，处理组和对照组的出口绩效变化趋势并无显著差异，因此不能拒绝平行趋势假设成立的可能。在审批权下放后的 3 年时间里，D_{st}^{+j} 对出口额和出口产品价格的影响系数自第 1 年开始一直在 10% 的水平下显著，这意味着审批权下放对企业出口绩效的促进作用基本上不存在时滞，并且能够持续相当长的一段时间。对于出口产品质量的影响，D_{st}^{+j} 在下放后第 1 年内的影响系数虽然为正，但并不显著，而在随后的第 2、第 3 年里则显著为正，这意味着审批权下放对出口产品质量的影响存在大约 1 年的滞后期，同时这种正向效应也具有一定的持续性。对于存在滞后效应的解释是，由于提升出口产品质量需要增加研发投入、提高员工技能水平等（Kugler and Verhoogen，2012），而这些活动对于企业来讲在短期内并不能完成。

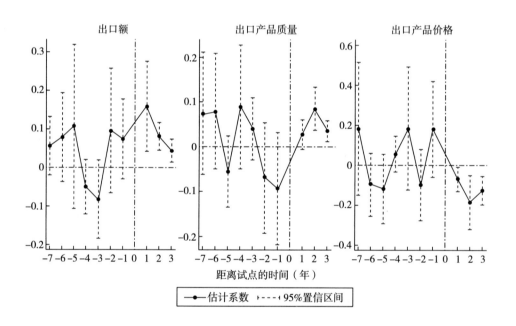

图 3 - 3　平行趋势检验

三、稳健性检验

本部分对基本回归进行了稳健性检验，主要包括基于倾向得分匹配的双重差分、安慰剂检验、控制相似政策冲击的影响、控制潜在的遗漏变量、排除企业在地区间的转移这五个方面。

（一）基于倾向得分匹配的双重差分

基本回归选取没有进行试点的城市的企业作为对照组，但试点选取并非真正意义上的"自然试验"。基于这一考虑，本部分使用基于倾向得分匹配的双重差分，一方面，通过"倾向得分匹配"，可以有效控制处理组和对照组在"可观测特征"上的差别，从而尽量满足"条件独立假设"；另一方面，通过两次差分，可以消除不随时间推移而改变、不可观测的个体异质性，以及处理组和对照组个体所经历的共同趋势。本部分使用 k 近邻匹配方法（k = 1）[1]，采用 bootstrap 技术重复运行 300 次得到标准误差。在估计倾向分值函数时使用 Probit 模型，在得到每一个体的倾向得分值后，据此对样本进行匹配，方法是选择落在"共同支持"倾向分值区间的个体，倾向分值与其"足够接近"的对照组匹配。根据 Smith 和 Todd（2005），对于匹配变量的选取要满足三个条件：一是特征变量要同时影响结果变量和处理组状态；二是在控制匹配变量的情况下，处理组与对照组的结果之间不存在显著差异；三是变量不随时间推移而发生变化，或在处理之前进行测度。用以配对的变量包括城市层面上一年的出口额、财政收入、人均 GDP[2]、是否为沿海开放城市（*coastal*）和副省级城市（*subpro*）等。在获得倾向得分值后，遵循 Hirnao 等（2003）、Cadot（2015）等的做法，将倾向得分作为加权，重新进行双重差分回归。表 3-3 报告了回归结果[3]，*D* 的回归系数相比表 3-2 没有太大变化，并且仍在 5% 的水平下显著。

（二）安慰剂检验

本部分选取来料加工贸易企业作为安慰剂检验，主要原因在于，中国对不同贸易方式的税收政策存在重要差别：来料加工贸易中从国外购进的料件是保税进

---

① 此外，我们还使用其他匹配方法，不影响估计结论的稳健性。
② 上一年出口额、财政收入、财政支出、人均 GDP 均取自然对数。
③ 受篇幅所限，此处 Probit 检验和协变量检验结果均未报告。

表 3 - 3　稳健性检验 1：基于倾向得分匹配的双重差分

解释变量	(1)	(2)	(3)
	出口额	出口产品质量	出口产品价格
D	0.143 **	0.063 ***	- 0.077 ***
	(0.062)	(0.010)	(0.008)
tfp	0.248 **	0.002	0.053 **
	(0.113)	(0.002)	(0.025)
age	0.123 **	0.005	0.006 **
	(0.049)	(0.007)	(0.003)
$finance$	- 0.247 ***	- 0.082 **	- 0.045 ***
	(0.018)	(0.036)	(0.006)
$lncap$	0.243 ***	0.005	0.001
	(0.025)	(0.015)	(0.002)
$size$	0.582 **	0.053 ***	- 0.004
	(0.250)	(0.004)	(0.004)
fie	0.020	0.000	- 0.001
	(0.023)	(0.014)	(0.010)
企业固定效应	yes	yes	yes
城市固定效应	yes	yes	yes
年份固定效应	yes	yes	yes
产品—目的地国固定效应	no	yes	yes
N	278936	1731187	1769209
R^2	0.896	0.585	0.749

口的，即企业没有支付过进项税额，但是国内购进的辅料是支付过进项税额的，因此可以退税；来料加工业务，受托方只是提供了加工劳务，来源于国外的料件完全是委托方提供的，自己并没有支付过进项税额，所以不存在退税。本书根据企业贸易方式将全部企业分为来料加工贸易企业和非来料加工贸易企业。表 3 - 4 报告了回归结果。可以看出，对于非来料加工贸易企业组，D 的影响系数至少在 5% 的水平下显著，而对于来料加工贸易企业组，D 的影响系数在 10% 的水平下并不显著。这意味着审批权下放对来料加工贸易没有影响，从侧面证明了本章的

研究结论。

表3-4　稳健性检验2：安慰剂检验

解释变量	(1)	(2)	(3)	(4)	(5)	(6)
	出口额		出口产品质量		出口产品价格	
	来料加工	非来料加工	来料加工	非来料加工	来料加工	非来料加工
D	0.044	0.171***	0.066	0.079***	−0.091	−0.070***
	(0.070)	(0.042)	(0.062)	(0.018)	(0.060)	(0.013)
tfp	0.365***	0.379***	0.013***	−0.010***	0.004*	0.009***
	(0.008)	(0.006)	(0.002)	(0.003)	(0.002)	(0.002)
age	0.078***	0.093***	−0.013***	0.015***	0.021***	0.006**
	(0.010)	(0.007)	(0.003)	(0.004)	(0.003)	(0.003)
finance	−0.257***	−0.368***	−0.035***	−0.016*	0.039***	0.013*
	(0.022)	(0.018)	(0.007)	(0.009)	(0.007)	(0.007)
lncap	0.244***	0.254***	−0.001	0.002	0.007***	−0.004***
	(0.005)	(0.004)	(0.002)	(0.002)	(0.002)	(0.002)
size	0.822***	0.859***	0.002	0.007**	0.009***	−0.017***
	(0.008)	(0.006)	(0.002)	(0.003)	(0.002)	(0.002)
fie	−0.017	0.051***	0.021***	−0.018*	0.024***	0.001
	(0.025)	(0.019)	(0.007)	(0.009)	(0.007)	(0.007)
企业固定效应	yes	yes	yes	yes	yes	yes
城市固定效应	yes	yes	yes	yes	yes	yes
年份固定效应	yes	yes	yes	yes	yes	yes
产品—目的地国固定效应	no	yes	yes	no	yes	yes
N	214381	2042263	736626	1587115	715356	1541288
R^2	0.860	0.856	0.497	0.518	0.393	0.375

（三）控制相似政策冲击的影响

中国的经济改革是一项非常复杂的系统工程，许多改革通常并行或者交叉进行。在出口退（免）税审批权下放的同时多项放权改革也在进行，$D=1$ 时也可能含有其他政策冲击的影响，因此要控制相似政策冲击的影响。

一是"省直管县"和"扩权县"政策。为了推进城市化进程，中国从 1983 年开始采用市管县体制，从 2002 年开始，各地尝试打破市管县体制对县域经济的束缚，实施了一系列将权力下放至县的改革：财政体制上的财政分权（省直管县）和经济管理上的行政分权（强县扩权和扩权强县）①。2006 年中央一号文件提出，有条件的地方可加快推进"省直管县"财政管理体制和"乡财县管乡用"财政管理方式的改革。在此背景下，2006 年各省开始密集进行"省直管县"试点②。在基础计量模型的基础上，本章添加了企业是否位于"省直管县"（*direct*）和"扩权县"（*expansion*）两个虚拟变量③。二是特殊经济区政策。特殊经济区的主要优惠政策包括税务扣减、关税免税、土地价格优惠和银行贷款优先等。在中国现行的行政管理体制中，特殊经济区政策不仅能够提高企业办理各类手续的效率，也能够避免和减少不必要的干扰和牵扯。Schminke 和 Biesebroeck（2013）发现位于经济技术开发区的企业在数量维度上有更好的出口表现（更多的出口额和出口目的国），而位于科技工业园区中的企业则在质量维度上有更好的出口表现（更高的出口产品价格和更为富裕的出口目的国）。因此，本章在基础计量方程的基础上，添加了企业是否位于特殊经济区（*spz*）虚拟变量，借鉴 Alder 等（2016）的做法，特殊经济区包含深圳、珠海、汕头和厦门 4 个特区城市，国家级高新技术开发区、经济技术开发区、出口加工区、保税区和边境经济合作区 5

---

① 财政分权指的是县财政直接与省财政联系，扩大县的财政权力，减少地级市对县的财政挤压；行政分权则是将原来地级市的一些经济、社会管理权限下放给县，从而使市辖县具有更大的经济管理自主权。

② 2005 年 6 月，时任国务院总理温家宝在全国农村税费改革工作会议上提出，"具备条件的地方，可以推进省直管县的改革试点"。2006 年中央一号文件提出，有条件的地方可加快推进"省直管县"财政管理体制和"乡财县管乡用"管理方式的改革，在此背景下，2006 年各省开始密集进行"省直管县"试点。

③ 某个县是否为"省直管县"或"扩权县"，相关信息主要来自各省的政府文件，如《河北省人民政府关于扩大部分县（市）管理权限的意见》（冀政〔2005〕8 号）、《河北省人民政府关于实行省直管县财政体制的通知》（冀政〔2009〕51 号）等。

类开发区,以及海南省。表3-5给出了控制相似政策冲击后的估计结果,D的回归系数同表3-2相比几乎没有发生变化,其至少都在5%的水平下显著,因此前文得出的结论依然成立。

表3-5 稳健性检验3:控制相似政策冲击的影响

解释变量	(1)	(2)	(3)	(4)	(5)	(6)
	"省直管县"和"扩权县"政策			特殊经济区政策		
	出口额	出口产品质量	出口产品价格	出口额	出口产品质量	出口产品价格
D	0.131***	0.081**	-0.070***	0.129***	0.084**	-0.069***
	(0.045)	(0.041)	(0.022)	(0.046)	(0.037)	(0.022)
$direct$	-0.020**	0.018***	-0.0501***			
	(0.008)	(0.0045)	(0.004)			
$expansion$	-0.004	0.011***	0.048***			
	(0.006)	(0.004)	(0.004)			
spz				0.023	-0.002	0.056***
				(0.017)	(0.009)	(0.007)
tfp	0.353***	0.002	0.006***	0.357***	-0.000	0.010***
	(0.007)	(0.002)	(0.002)	(0.006)	(0.003)	(0.002)
age	0.153***	0.002	0.012***	0.089***	-0.003	0.019***
	(0.008)	(0.003)	(0.002)	(0.007)	(0.003)	(0.003)
$finance$	-0.313***	-0.027***	0.026***	0.311***	-0.011	0.009
	(0.019)	(0.006)	(0.005)	(0.017)	(0.007)	(0.005)
$lncap$	0.232***	0.002	-0.001	0.243***	0.000	0.004***
	(0.004)	(0.001)	(0.001)	(0.004)	(0.002)	(0.001)
$size$	0.808***	0.007***	-0.007***	0.853***	0.006***	-0.001
	(0.007)	(0.002)	(0.002)	(0.006)	(0.002)	(0.002)
fie	0.064***	-0.002	0.010**	0.035*	-0.001	0.002
	(0.021)	(0.006)	(0.005)	(0.020)	(0.007)	(0.006)
企业固定效应	yes	yes	yes	yes	yes	yes
城市固定效应	yes	yes	yes	yes	yes	yes
年份固定效应	yes	yes	yes	yes	yes	yes

续表

解释变量	(1)	(2)	(3)	(4)	(5)	(6)
	"省直管县"和"扩权县"政策			特殊经济区政策		
	出口额	出口产品质量	出口产品价格	出口额	出口产品质量	出口产品价格
产品—目的地国固定效应	no	yes	yes	no	yes	yes
N	351748	2323741	2256644	351748	2323741	2256644
R²	0.877	0.379	0.516	0.857	0.371	0.502

（四）控制潜在的遗漏变量

在控制变量方面，尽管本书已经分别控制了企业、城市、年份、产品—目的地国固定效应，以及企业层面的变量，理论上讲就可以控制城市层面不随时间推移而发生变化的城市特征，但却无法控制城市层面随时间推移而变化的城市特征。因此，本章在基本计量方程的基础上，加入了城市层面的变量：一是金融发展水平（credit），使用全部银行信贷与地区国内生产总值之比进行衡量；二是经济发展水平（pgdp），用人均 GDP 来衡量；三是基础设施（infrastructure），用电话用户数来衡量；四是财政支出（fiscal），以当年财政支出来衡量。除金融发展水平外，其余变量皆取自然对数。此外，本章借鉴 Crinò 和 Ogliari（2017）等的做法，加入城市和年份的交互项，以减少遗漏变量对研究结论的影响。表 3 - 6 的估计结果显示，在控制了城市层面变量、城市和年份的交互项的情况下，回归结果依然稳健，说明潜在的遗漏变量并没有对基本结论造成冲击。

表 3 - 6　稳健性检验 4：控制潜在的遗漏变量

解释变量	(1)	(2)	(3)	(4)	(5)	(6)
	出口额	出口产品质量	出口产品价格	出口额	出口产品质量	出口产品价格
D	0.094 ***	0.054 **	- 0.061 ***	0.053 ***	0.065 ***	- 0.074 ***
	(0.029)	(0.026)	(0.021)	(0.011)	(0.015)	(0.012)

续表

解释变量	(1) 出口额	(2) 出口产品质量	(3) 出口产品价格	(4) 出口额	(5) 出口产品质量	(6) 出口产品价格
tfp	0.352 ***	− 0.002	0.015 ***	0.350 ***	0.002	0.007 ***
	(0.009)	(0.003)	(0.003)	(0.005)	(0.002)	(0.002)
age	0.076 ***	0.003	0.006	0.089 ***	0.002	0.013 ***
	(0.007)	(0.004)	(0.004)	(0.006)	(0.003)	(0.002)
finance	− 0.289 ***	− 0.039 ***	− 0.021 ***	0.314 ***	− 0.027 ***	0.026 ***
	(0.020)	(0.009)	(0.007)	(0.014)	(0.006)	(0.005)
lncap	0.230 ***	− 0.001	0.002	0.233 ***	0.003 *	0.000
	(0.006)	(0.002)	(0.002)	(0.003)	(0.001)	(0.001)
size	0.789 ***	− 0.002	0.006 **	0.838 ***	0.008 ***	− 0.006 ***
	(0.010)	(0.003)	(0.003)	(0.005)	(0.002)	(0.002)
fie	− 0.004	0.029 ***	− 0.000	0.023	− 0.002	0.010 **
	(0.027)	(0.010)	(0.008)	(0.016)	(0.006)	(0.005)
企业固定效应	yes	yes	yes	yes	yes	yes
城市固定效应	yes	yes	yes	yes	yes	yes
年份固定效应	yes	yes	yes	yes	yes	yes
产品—目的地 国固定效应	no	yes	yes	no	yes	yes
N	351748	2323741	2256644	351748	2323741	2256644
R^2	0.390	0.521	0.390	0.863	0.379	0.516

（五）排除企业在地区间的转移

地方指向的经济政策可能只是导致经济活动在地区间的转移，而不会增加经济总量（Kline and Moretti，2014）。部分城市获得出口退（免）税审批权下放之后，其他城市尤其是周边城市的企业为了更快享受退（免）税政策，可能会搬迁至这些城市，这样就包含了地区间的转移效应。为了消除这一因素的影响，本部分只使用了在2006年之前就已经成立的企业作为回归样本。虽然被排除的企业可能包括为了获得更快退税从其他城市转移过来的企业，也包括本地新成立的企业，但理论上讲后者不在排除之列，然而中国工业企业数据库并没有提供某一企业是否为转移企业的相关信息，因此本部分的做法可以使回归结果更为纯净。表3-7给出了检验结果，可以看出，同基本回归相比，D 的回归系数除了大小发生了些许变化，其显著性和方向没有发生变化。这意味着出口绩效的改善并非是地区间的转移效应所致，而是原有企业的创造效应。

综上，多个方面的检验表明本章基本回归得出的结论是稳健的。

表3-7　稳健性检验5：排除企业在地区间的转移

解释变量	(1)	(2)	(3)
	出口额	出口产品质量	出口产品价格
D	0.119 ***	0.065 ***	− 0.074 ***
	(0.017)	(0.015)	(0.012)
tfp	0.377 ***	0.002	0.007 ***
	(0.005)	(0.002)	(0.002)
age	0.052 ***	0.002	0.013 ***
	(0.001)	(0.003)	(0.002)
$finance$	− 0.327 ***	− 0.027 ***	0.026 ***
	(0.014)	(0.006)	(0.005)
$lncap$	0.254 ***	0.002	0.000
	(0.003)	(0.001)	(0.001)
$size$	0.585 ***	0.007 ***	− 0.006 ***
	(0.005)	(0.002)	(0.002)
fie	0.028 *	− 0.002	0.010 **
	(0.015)	(0.006)	(0.005)
企业固定效应	yes	yes	yes
城市固定效应	yes	yes	yes
年份固定效应	yes	yes	yes
产品—目的地国固定效应	no	yes	yes
N	300393	2144813	2062573
R^2	0.8572	0.3785	0.5156

第五节　进一步检验

一、审批权下放、公共权力委托—代理失灵与出口绩效

前文的基本回归证明了减少审批环节导致的"退税加速效应"大于委托—代理失灵导致的"退税延缓效应"，进而改善了企业出口绩效，但并没有验证公共权力委托—代理失灵导致的"退税速度延迟效应"是否存在。如果该效应存在，那么可以推测：在公共权力委托—代理失灵越轻的地区，下放审批权对出口绩效的改善作用就越强。

为了验证这一推测，首先要寻找衡量不同地区委托—代理失灵的代理变量。本节使用王小鲁等（2013）根据全国各地数千家企业的调查①所编制而成的政府行政管理指数进行衡量。该指数包括①公平、公正、公开：政策和规章制度公开透明情况、行政执法机关（工商、税务、质检等）公正执法情况、各类企业享受公平国民待遇情况；②政府效率：行政审批手续方便简洁情况；③减少不必要的干预：地方政府对企业是否干预过多、企业经营者与政府工作人员打交道的时间比例、市场准入限制是否过多；④政府廉洁：政府官员廉洁守法情况、企业用于政府和监管部门人员的"非正式支付"。直观上讲，行政执法机关公正执法情况、政府官员廉洁守法情况、企业用于政府和监管部门人员的"非正式支付"可以反映一个地区的廉洁度；行政审批手续方便简洁情况可以反映公务员的能力、激励和约束问题。总之，该指数可以较好地反映一个地区的委托—代理失灵

---

① 该调查由中国经济改革研究基金会国民经济研究所和中国企业家调查系统合作完成，采取企业主要负责人对当地经营环境各因素的主观评价为主、客观评价指标为辅的调查方式。

问题，其数值越大，存在委托—代理失灵的可能性就越小。

表3-8给出了估计结果。本书按照样本企业所在省份的政府行政管理指数，将排名前10位省份的企业归为高管理指数组，其余归为低管理指数组。可以看出，高管理指数组中 D 的回归系数至少都在5%的水平下显著，而低管理指数组则没有通过显著性检验，这意味着低管理指数组的企业不受影响[①]。以上结论表明，在公共权力委托—代理失灵越轻的地区，审批权下放对出口绩效的改善作用就越强。

表3-8　公共权力委托—代理失灵、审批权下放与出口绩效

解释变量	(1)	(2)	(3)	(4)	(5)	(6)
	出口额		出口产品质量		出口产品价格	
	高管理指数	低管理指数	高管理指数	低管理指数	高管理指数	低管理指数
D	0.129 ***	0.066	0.072 **	0.055	-0.077 ***	-0.044
	(0.024)	(0.084)	(0.031)	(0.065)	(0.008)	(0.065)
tfp	0.209 ***	0.183 ***	0.049 ***	0.023 ***	0.011 ***	0.058 ***
	(0.015)	(0.018)	(0.013)	(0.004)	(0.003)	(0.008)
age	0.091 ***	0.136 ***	0.006	-0.097 **	0.009 ***	0.071 ***
	(0.009)	(0.012)	(0.011)	(0.045)	(0.002)	(0.017)
$finance$	-0.329 **	-0.453 ***	-0.073 ***	-0.036 **	-0.057 ***	-0.078 ***
	(0.161)	(0.036)	(0.016)	(0.016)	(0.005)	(0.008)
$lncap$	0.233 ***	0.341 **	0.005 **	0.007	0.001 **	0.007 ***
	(0.049)	(0.107)	(0.002)	(0.055)	(0.000)	(0.001)
$size$	0.344 ***	0.557 **	0.019 ***	0.004 ***	0.003 **	0.004 ***
	(0.132)	(0.26)	(0.006)	(0.000)	(0.002)	(0.001)
fie	0.033	0.056	0.001	0.043	0.006	0.006
	(0.048)	(0.078)	(0.003)	(0.043)	(0.092)	(0.008)
企业固定效应	yes	yes	yes	yes	yes	yes

[①]　此外，我们选取了高于政府管理指数中位数的省份企业作为高管理指数组，其余回归为低管理指数组，结论不变。囿于篇幅，没有给出估计结果。

续表

解释变量	(1)	(2)	(3)	(4)	(5)	(6)
	出口额		出口产品质量		出口产品价格	
	高管理指数	低管理指数	高管理指数	低管理指数	高管理指数	低管理指数
城市固定效应	yes	yes	yes	yes	yes	yes
年份固定效应	yes	yes	yes	yes	yes	yes
产品—目的地国固定效应	no	yes	yes	no	yes	yes
N	228636	123112	1510432	813309	1466819	789825
R^2	0.884	0.829	0.562	0.510	0.678	0.721

二、审批权下放、企业所有制类型与出口绩效

既有研究反复证明，所有制差异是企业异质性的一个重要来源，审批权下放对企业出口绩效的影响也有可能因企业所有制类型不同而存在差异：一是不同所有制类型企业的政治关联存在差异。国有企业由于同政府存在天然的关系，在审批权下放之前，其在退税审批时会得到更多的照顾和优待，退税速度会更快。二是不同所有制类型企业的融资能力存在显著差异。民营企业面临着最为严重的资金约束（Poncet et al.，2010）；国有企业容易获得各种成本较低的政策性贷款、政府补贴等；外资企业既有其海外投资方的资金支持，也有地方政府的政策支持使其在获得银行信贷上具有相当程度的优势；民营企业在获取银行信贷的过程中则面临着非常严格的资格审查，需要满足严苛的贷款条件，并要支付更高的隐性利息成本。因此可以推测：从所有制类型看，审批权下放对企业出口绩效的改善作用主要体现在非国有企业尤其是民营企业上。

表3-9给出了不同所有制企业的回归结果。借鉴Yu（2015）的做法，广义的国有企业包括国有独资企业、国有联营企业、国有和集体联营企业以及国有独资公司，外资企业界定同前文一致，其余为民营企业。可以看出，对于民营企业

表3-9 审批权下放、企业所有制类型与出口绩效

解释变量	出口额			出口产品质量			出口产品价格		
	(1)	(2)	(3)	(4)	(5)	(6)	(7)	(8)	(9)
	国有	民营	外资	国有	民营	外资	国有	民营	外资
D	0.067*	0.146***	0.08***	0.084	0.078***	0.068**	-0.080	-0.077***	-0.076**
	(0.038)	(0.011)	(0.007)	(0.084)	(0.013)	(0.034)	(0.078)	(0.0114)	(0.039)
tfp	0.372***	0.385***	0.190**	0.015***	0.047***	0.017***	0.008*	0.005**	0.008***
	(0.030)	(0.031)	(0.085)	(0.005)	(0.010)	(0.001)	(0.005)	(0.002)	(0.001)
age	0.028***	0.041***	0.033***	0.003*	0.069	-0.007	0.006***	0.010***	0.007**
	(0.007)	(0.004)	(0.001)	(0.001)	(0.082)	(0.008)	(0.001)	(0.001)	(0.003)
finance	-0.273	-0.248**	-0.138***	-0.048**	-0.064***	-0.054***	-0.040***	-0.074***	-0.047***
	(0.446)	(0.110)	(0.036)	(0.0240)	(0.006)	(0.023)	(0.003)	(0.008)	(0.004)
lncap	0.212***	0.388***	0.234**	0.001**	0.006	0.005**	0.008***	-0.001	-0.002
	(0.057)	(0.051)	(0.102)	(0.000)	(0.007)	(0.002)	(0.002)	(0.002)	(0.001)
size	0.576**	0.458***	0.469***	0.013***	0.013***	0.027***	0.002***	0.004***	0.003***
	(0.248)	(0.040)	(0.180)	(0.002)	(0.004)	(0.002)	(0.000)	(0.001)	(0.000)
企业固定效应	yes	yes	yes	yes	yes	yes	yes	yes	yes
城市固定效应	yes	yes	yes	yes	yes	yes	yes	yes	yes
年份固定效应	yes	yes	yes	yes	yes	yes	yes	yes	yes
产品—目的地国固定效应	no	yes	yes	no	yes	yes	no	yes	yes
N	185045	1451022	620577	220755	1347770	755216	214381	1308854	733409
R^2	0.811	0.880	0.837	0.511	0.615	0.562	0.624	0.741	0.681

组和外资企业组，D 的影响系数至少在 5% 的水平下显著，并且民营企业样本组系数的绝对值大于外资企业样本组的绝对值；国有企业样本组中只有对出口额的影响系数在 10% 的水平下显著。以上结果表明，出口退（免）税审批权下放并没有显著改善国有企业的出口绩效，而是改善了非国有企业尤其是民营企业的出口绩效。

三、影响机制检验

影响机制分析认为，出口退（免）税审批权下放通过缓解企业资金约束来作用于出口绩效。如果该机制存在，那么可以推测对外部资金依赖度较高的行业，退（免）税审批权下放对企业出口绩效的影响程度会更大。

本章主要采用两个指标来衡量行业的外部资金依赖度。本章使用 Rajan 和 Zingales（1998）计算的行业外部资金依赖度指标（简称为 RZ 指数），该指数用标准普尔公司会计数据库中美国企业投资中无法使用内部现金流融资部分的比例表示。他们认为，行业的融资依赖度主要与一定技术冲击下的投资机会、内部现金流收入有关，由于行业特征在世界范围内差别不大，不同国家和时期里的行业融资依赖度具有比较稳定的同一性，所以可以使用美国的行业融资依赖数据作为其他国家融资依赖程度的代理变量，目前该指标已经得到广泛的认可和应用。Rajan 和 Zingales（1998）给出了 ISIC 36 个行业的指数，本书将其与《国民经济行业分类标准（2002）》中 27 个行业进行了对应[①]。该指数越大，意味着行业外部资金依赖度越高。同时，本章借鉴黄玖立和冼国明（2010）的做法，根据《中国固定资产投资统计年鉴》中"国民经济行业小类城镇投资资金来源构成"的统计，将自筹资金以外的投资来源（包括国家预算内资金、国内贷款、债券、

[①]　本书将 ISIC3513 归为化学纤维制造业，3832 归为通信设备、计算机及其他电子设备制造业，3522 归为医药制造业；将 361、369、362 归为非金属矿物制品业，324 和 322 归为纺织服装、鞋、帽制造业，353 和 354 归为石油加工、炼焦及核燃料加工业，311 归为农副食品加工业和食品制造业，382 归为通用设备制造业和专用设备制造业。

利用外资和其他来源）占本年资金来源的比重作为行业外部资金依赖度的代理变量（简称为 HX 指数）。为了消除数据波动，本部分使用了 2003～2009 年的平均值所测度的样本时间内各行业的外部融资依赖度。该指数越大，意味着行业对外部资金的依赖度越高。

笔者在基础模型上分别加入了上述两个外部资金依赖程度指标与出口退（免）税审批权下放的交叉项进行回归分析。从表 3 - 10 可以看出，$D \times X$ 的系数至少在 10% 的水平下显著，这意味着资金约束是出口退（免）税审批权下放影响企业出口绩效的重要渠道。列（1）～列（2）、列（4）～列（5）显示，$D \times X$ 的系数显著为正，这一结果表明当企业所在行业更依赖于外部资金时，出口退（免）税审批权下放对企业出口和出口产品质量产生了更大的促进作用；列（3）、列（6）显示，$D \times X$ 的系数显著为负，意味着当企业所在行业更依赖于外部资金时，出口退（免）税审批权下放对出口价格产生了更大的降低作用。总之，本部分的研究表明，出口退（免）税审批权下放是通过缓解企业资金约束来影响企业出口绩效的。

表 3 - 10 影响机制检验

解释变量	(1)	(2)	(3)	(4)	(5)	(6)
	出口额	出口产品质量	出口产品价格	出口额	出口产品质量	出口产品价格
	X = RZ 指数			X = HX 指数		
D	0.080	0.051 **	- 0.015	0.010 ***	0.066 ***	- 0.064 ***
	(0.079)	(0.025)	(0.017)	(0.002)	(0.023)	(0.038)
$D \times X$	0.151 ***	0.007 *	- 0.065 ***	0.228 ***	0.020 **	- 0.024 **
	(0.015)	(0.004)	(0.023)	(0.071)	(0.008)	(0.011)
tfp	0.358 ***	0.001	0.008 ***	0.357 ***	0.002	0.007 ***
	(0.005)	(0.002)	(0.002)	(0.005)	(0.002)	(0.002)
age	- 0.002 ***	- 0.001	0.007 ***	- 0.002 ***	- 0.002	0.008 ***
	(0.001)	(0.003)	(0.002)	(0.001)	(0.003)	(0.002)

续表

解释变量	(1) 出口额	(2) 出口 产品质量	(3) 出口 产品价格	(4) 出口额	(5) 出口 产品质量	(6) 出口 产品价格
	X = RZ 指数			X = HX 指数		
finance	-0.316*** (0.015)	-0.026*** (0.006)	0.0354*** (0.004)	-0.307*** (0.014)	-0.026*** (0.006)	-0.034*** (0.004)
lncap	0.245*** (0.003)	0.003* (0.001)	0.000 (0.001)	0.245*** (0.003)	0.002* (0.001)	-0.001 (0.00)
size	0.849*** (0.005)	0.011*** (0.002)	-0.003** (0.001)	0.844*** (0.005)	0.010*** (0.002)	-0.003** (0.001)
fie	0.028* (0.017)	-0.004 (0.006)	0.002 (0.005)	0.024 (0.016)	-0.001 (0.006)	-0.000 (0.004)
企业固定效应	yes	yes	yes	yes	yes	yes
城市固定效应	yes	yes	yes	yes	yes	yes
年份固定效应	yes	yes	yes	yes	yes	yes
产品—目的地国固定效应	no	yes	yes	no	yes	yes
N	351748	2323741	2256644	351748	2323741	2256644
R^2	0.859	0.497	0.685	0.859	0.490	0.673

第六节　本章小结

本章利用 2001~2009 年中国工业企业数据库和中国海关数据库的匹配数据，基于 2006 年开始的生产企业出口退（免）税审批权下放的准自然实验，研究了出口退税管理制度的简政放权改革对企业出口绩效的影响。

研究结果表明：审批权下放显著改善了企业出口绩效，表现为出口额的增加、产品质量的提升和产品价格的下降，这种改善作用基本上不存在时滞，并具有持续性。进一步研究还发现，在公共权力委托—代理失灵越轻的地区，审批权下放的改善作用越大；从企业所有制类型来看，审批权下放主要改善了非国有企业特别是民营企业的出口绩效，且审批权下放主要是通过缓解企业资金约束来作用于出口绩效。

第四章　最低工资标准制度对出口产品质量的影响

第一节　引言

改革开放以来，中国充分发挥劳动力价格和质量上体现出来的资源比较优势，参与国际分工与国际竞争，一定程度上改善了中国的资源配置效率，促使中国快速跃升为出口大国。然而，我国产品质量总体状况仍不容乐观，许多产品还主要依靠成本优势甚至是以牺牲质量为代价参与国际竞争，仍然无法成为出口强国。此外，近年来最低工资标准的调整幅度、执行力度都在不断加大①。当前，随着人口结构的变化及新生代劳动者大量进入劳动力市场，劳资关系双方间的力量平衡将在很大程度上改变，最终很可能会推动最低工资标准不断上调。

---

① 1994 年，我国在《中华人民共和国劳动法》中首次确立了最低工资制度的法律地位，实施之初的 1995 年全国仅约有 130 个城市采用该政策。2004 年 3 月，劳动和社会保障部颁布的《最低工资规定》开始实行，最低工资制度扩展到全国，并规定"最低工资标准每两年至少调整一次"。

这就引出一个重要的问题，最低工资标准的不断上调是否会影响企业的出口产品质量呢？目前关于最低工资标准对企业的经济影响存在较多的争论（Draca et al.，2011），一些观点认为最低工资标准将会增加企业用工成本，导致利润减少，最终倒逼出口企业转型升级、提升产品质量，但这一类观点大都是基于对某一企业或者是某一产业的观察。另一些观点认为提高最低工资标准虽会使企业出口下降（马双，2011；孙楚仁等，2013a），但如有益于提升出口产品质量进而有助于培育外贸竞争新优势，则可以坚定各级政府上调最低工资标准的决心和信心；相反，如果最低工资标准的不断上调在导致企业出口下降的同时，出口产品质量也随之下降，那么出口企业在国际市场竞争中将处于极为不利的境地，公共政策则应该在劳资双方利益中寻找一个平衡点，以尽量减少最低工资标准上调带来的不利影响。

第二节　影响机制分析

本章在梳理相关文献的基础上，认为最低工资标准主要从成本效应、要素替代效应、人力资本投资效应和效率工资效应四条渠道影响企业出口产品质量。

一、最低工资标准通过成本效应影响出口产品质量

成本效应指的是高于市场均衡工资水平的最低工资水平的提高会导致经济中劳动力成本的增加。劳动力成本的增加，一方面会影响企业的人力资本水平：一是将迫使企业解雇部分低技能员工（Acemoglu and Pischke，2003）。Bell（1997）的实证研究发现最低工资标准使得哥伦比亚2%～12%的低技能员工失去工作岗位。虽然低技能员工无法满足高质量产品生产的用工需要，但低技能员工可以和

高技能员工进行有效互补，对于高质量产品的生产也不可或缺（Verhoogen，2008）。已有研究表明，技能和教育背景的多样性会在员工之间产生知识溢出和技能互补，进而会提高企业绩效，Parrotta 等（2014）基于丹麦雇主—员工匹配数据的实证研究发现，员工技能和学历背景的多样性通过提高企业全要素生产率进而改进企业绩效。二是在现金流约束较强的情况下，用工成本的上升也可能导致企业减少高技能员工的雇佣数量，原因在于提升最低工资标准会对工资水平原本就高于最低工资的就业人员工资产生溢出效应，贾朋和张世伟（2013）发现最低工资标准的提升对男性和女性的溢出效应分别达到最低工资标准的 1.50 倍和1.25 倍。另一方面由于产品的生产需要同时使用多种要素并保持一定比例，因此劳动力成本的提高将导致资本和其他要素成本的提高，进而使企业生产成本出现增加（孙楚仁等，2013b），在不能为生产提供足够要素的情况下，企业的出口产品质量将受到影响。因此，最低工资标准会通过成本效应减少企业雇佣低技能员工甚至是高技能员工的数量，并拉高其他生产要素价格，最终会降低出口产品质量。

当然，成本效应受到若干因素的影响：一是企业的员工构成，如果企业高技能员工较多，最低工资标准带来的影响就相对较小，反之则较大；二是劳动要素同其他要素的互补性，互补性越强，其他要素成本提高的幅度就越大（孙楚仁等，2013a）。

二、最低工资标准通过要素替代效应影响出口产品质量

Hicks（1932）最早论述了工资上涨产生的要素替代效应，最低工资标准上调直接表现为劳动要素相对价格的上升，边际技术替代率的变化使企业倾向于用资本和技术替代劳动。黄先海和徐圣（2009）计算了中国 1990～2006 年劳动密集型和资本密集型部门的劳动边际产出弹性发现，除个别年份外，两类部门各年均发生了劳动节约型技术进步。同时，劳动成本上涨促使企业加大研发投入、增

加创新。张晶等（2014）基于2002~2006年民营企业调查数据实证检验了最低工资标准对民营企业创新行为的影响发现，最低工资标准的提高提升了民营企业的研发意愿，增加了自我研发产品数量和新产品数量，而实证研究表明资金投入和研发投入是影响出口产品质量的重要因素（Kugler and Verhoogen，2012）。因此，最低工资标准提高会通过要素替代效应提高出口产品质量。

然而，技术和资本对劳动要素的替代程度取决于若干其他因素：一是技术和资本要素本身的供给弹性，不同产品和行业所使用的技术和资本要素存在差异，在其他条件一致的情况下，技术和资本的供给弹性越大，其对劳动的替代率越强；二是产品和行业特征，在给定资本水平的条件下，不同产品的等产量曲线间的差异会导致企业技术与劳动要素的替代弹性不同（Hamermesh and Pfann，1996）；三是资金约束，资金或技术替代劳动的过程也是企业资产规模不断扩大的过程，无论是通过内源性融资还是外源性融资，资金约束更小的企业能够以更低的价格享有资金租金成本，从而更容易用资金和技术替代劳动（Grandmont et al.，1998）。

三、最低工资标准通过人力资本投资效应影响出口产品质量

对于人力资本投资效应，Becker（1964）认为，企业提供在职培训（On - the - training）的前提条件是员工接受工资的相应扣减，提高最低工资标准则会降低企业提供在职培训的激励，从而减少在职培训。然而，如果低技能劳动力市场并非完全竞争，那么企业将为员工支付通用性培训的费用（Acemoglu and Pis-chke，1999），劳动力市场上的垄断特征将会压缩员工的人力资本回报，使得企业占有部分剩余。由于可以进一步压缩工资，最低工资标准的提高将会有助于提高员工在职培训。Acemoglu 和 Pischke（2003）的实证研究发现，最低工资标准倾向于增加员工在职培训的机会，但影响系数不显著。笔者的解释是最低工资标准可能通过两方面的途径影响培训：随着最低工资标准的提高，一方面，企业对

高技术工人的培训力度会加大；另一方面，企业会减少低技能员工的雇佣数量从而减少培训。Neumark 和 Waschear（2008）也发现提高最低工资标准会促使企业加大员工的培训力度。劳动技能水平是决定产品质量的关键因素，高技能劳动者与低技能劳动者之间并非替代关系，在高质量产品的生产过程中若干低技能劳动者远比不上一个高技能劳动者所起的作用（Verhoogen，2008）。Steedman 和 Wagner（1987）、Mason 等（1996）通过实地调查和案例分析发现，一国产品质量能否在国际竞争中占据优势，很大程度上取决于是否使用技术先进的机器以及操作这些机器的劳动者的技能。因此，最低工资标准提高会通过人力资本投资效应影响到企业的整体技能水平，进而影响出口产品质量。

无疑，这一影响渠道会受到多方面因素的影响：一是不同技能水平的员工的构成比例，企业高技能水平员工越多，企业增加的培训可能就越多；二是企业对员工技能水平的要求，不同企业和岗位所需的技能水平存在差异，例如，来料加工贸易只是需要按照外商的要求进行加工装配，因此所需要的技能水平不高，从而导致企业对员工的培训需求较少。

四、最低工资标准通过效率工资效应影响出口产品质量

根据劳动经济学理论，最低工资标准提升会在工资分布的最低工资点处产生截断效应，即对于工资水平低于最低工资标准的就业人员，上调最低工资标准会提升其工资水平。然而，最低工资对工资分布的影响不仅限于截断效应，还会对工资水平原本高于最低工资标准的就业人员工资产生溢出效应。马双等（2012）利用 1998～2007 年规模以上中国工业企业数据进行分析发现，最低工资标准每上涨 10%，制造业企业平均工资将整体上涨 0.4%～0.5%。邸俊鹏和韩清（2015）采用中国健康与营养调查 1996～2010 年的微观数据以及全国 12 个省份的最低工资标准数据，实证研究发现最低工资标准每提高 1%，工资收入平均提高 0.6%。

从效率工资理论出发，工资水平的提高可以从多个方面影响出口产品质量：一是从怠工模型来看，提高工资水平使员工有更强烈的动机努力工作，而偷懒、欺骗等行为的动机则相对减小（Shapiro and Stiglitz，1984），因而具有激励和约束双重作用；二是从劳动力流动模型来看，工资水平提高降低了员工的辞职动机，有助于留住高质量的员工，使得员工的生产经验可以不断累积（Salop，1979）；三是从逆向选择模型来看，可以吸引更多高级技能劳动者的进入，提升劳动者的整体素质（Weiss，1980）；四是可以进一步密切员工同企业的关系，增加员工对企业的认同感（Akerlof，1982），这些都有助于提升产品质量。

然而，效率工资效应会受到两方面因素的影响：一是关于怠工模型，不同类型企业的监督成本存在很大差异，对于知识型企业，员工的努力程度通常难以监督，员工怠工的可能性也更大，效率工资对于解决这一类员工的监督问题会起到一定作用；二是关于逆向选择模型，能否吸引到高技能的劳动者在一定程度上取决于该地区劳动力的技能水平以及本企业相较于其他企业提供的工资水平。

第三节　研究设计

一、数据来源

本章采用的数据主要来源：一是 2005～2010 年的中国工业企业数据库；二是 2000～2011 年的中国海关进出口数据库；三是各县区最低工资标准数据。中国工业企业数据库提供了较为详细的企业特征数据，中国海关进出口数据库提供了出口的每一笔交易记录。由于县区层面的最低工资标准并无现成的数据库可以提供，我们通过浏览各级政府网站，查阅政策文件、统计公报、官方报纸等方式搜集到 2005~2010 年全国 2855 个县区的最低工资标准数据共计 17130 个（不包括港澳台地区），占全部县区数的 96.35%。对于数据缺失的县区，使用其所在城市与其发展水平相近县区的最低工资标准数据进行填补。同时，对于出口产品质量的测算我们使用了 2000~2011 年中国海关贸易数据库所有出口样本信息，这使得本章可以研究更长时期中国出口产品质量的变化情况。在估计最低工资标准对出口产品质量的影响时，使用的是 2005~2010 年中国工业企业数据库、海关贸易数据库和最低工资标准数据的合并数据。

本章选用 2005~2010 年相关数据有两个原因：一是虽然早在 1994 年的《中华人民共和国劳动法》中就确立了最低工资的法律地位，但起初最低工资只是在部分城市和地区施行，直到 2004 年 3 月 1 日起才开始推向全国。因此，使用 2005~2010 年的数据可以更为全面地反映最低工资标准实施在全国层面的影响。二是由于农村剩余劳动力和城市冗员的隐蔽性失业现象逐渐消除，2004 年我国开始出现全国性的劳动力短缺（蔡昉，2010），企业对劳动力成本上涨的反应更加敏感，同时最低工资制度在实施过程中的监督力度也在持续加强。这样可以更为精准地识别最低工资标准对出口产品质量的影响。

二、计量模型设定

依据研究目标，本章将基本计量模型设定为：

$$quality_{idt} = \alpha + \beta_1 \ln mw_{idt} + \gamma D + \lambda_p + \phi_t + \varepsilon_{idt} \qquad (4.1)$$

其中，i 表示企业，d 表示企业所在县区，t 表示年份。$quality$ 为企业层面出口产品质量[①]。本章之所以没有使用产品层面的出口质量，主要基于以下考虑：一是中国工业企业数据库统计的是企业层面的年度数据，如果使用产品层面质量数据，在没有引入新信息的情况下观测值数量的扩大使得标准误差变小（Manova

---

① 具体的测算方法及细节见下节。

and Zhang，2012）；二是相比年度数据，月度数据可能存在更为严重的异常值问题；三是计量分析的关注点在于最低工资标准对企业间的出口质量的影响差异，并非不同时间段内企业出口产品质量的动态变化。在式（4.1）中，$lnmw$ 表示企业所在县区最低工资标准，取自然对数；D 表示控制变量集；λ_p 表示省份虚拟变量，用以控制无法观测的省份固定效应；ϕ_t 表示年份虚拟变量，以控制整体的宏观经济形势；ε_{idt} 表示随机扰动项。

对于最低工资标准数据的选取，我们主要考虑以下三个方面：一是使用月最低工资标准，根据《最低工资规定》，"最低工资标准一般采取月最低工资标准和小时最低工资标准的形式"。从查找到的数据来看，受月度发放工资习惯的影响，大部分县区都使用月最低工资标准。二是使用县区层面的最低工资标准数据。部分省份制定的最低工资标准并未按照城市进行划分，如江苏省的最低工资标准按照地区分为三类，2010 年 2 月，一、二、三类地区的最低工资分别为 960 元、790 元和 670 元，这就可能导致同一城市不同县区最低工资标准存在差异。三是由于最低工资标准调整间隔并无规律，而一年中进行调整的时间也并无明确规定，因此本书使用加权平均法来进行计算。如以计算江苏省最低工资为例，2010 年一类地区的最低工资标准自 2 月开始从 850 元上调至 960 元，那么该地区的全年最低工资标准为 $(850 \times 1 + 960 \times 11)/12 \approx 950.83$ 元。

图 4 - 1 描绘了 2005 ~ 2010 年中国各县区最低工资标准的核密度动态演进，可以看出：一是核密度曲线表现为右偏尖峰分布。最低工资标准处于较低水平的核密度函数值较大，较高水平的核密度函数值较小，这说明最低工资标准处于较低水平的县区比重较大，较高水平的县区比重较小。二是最低工作标准的核密度曲线不断向右移动。这说明我国各个县区最低工资标准几乎在每年都有一定程度的提高。三是 2009 年最低工资标准变化不大。受金融危机影响，部分企业特别是劳动密集型中小企业生产经营困难、就业形势严峻，人力资源社会保障部于 2008 年 11 月发出通知，暂缓调整企业最低工资标准。在这样的政策指导下，

2009 年 1836 个县区最低工资标准没有上调，占全部县区的 64%。2010 年核密度曲线向右大幅移动，最低工资标准呈现补偿性上涨。

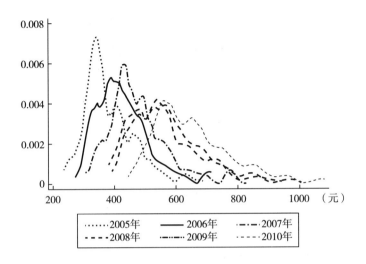

图 4 – 1　中国各县区最低工资标准的核密度动态演进（2005 ~ 2010 年）

资料来源：笔者计算得到。

控制变量集 D 中包含以下变量：

研发投入（*rd*）。其反映企业创新能力的指标通常有两类：一是创新投入，包括研发投入和研发人员数；二是创新产出，包括企业专利申请数量和新产品产值。然而这些数据在 2005 ~ 2010 年中国工业企业数据库中的统计都不完整。Kugler 和 Verhoogen（2012）给本书提供了很好的思路，该文使用行业研发或广告投入密度作为企业研发投入的代理变量[①]，计算方法为行业研发密度 = 行业研发投入/行业总产值，取自然对数。

融资约束（*finance*）。使用应收账款占总资产比例作为融资约束的代理变量，

---

① 这一方法已经得到了较为普遍的运用，参见 Cohen 和 Klepper（1992）、Antràs（2003）。

某一企业给予其他企业商业信用并非是一种完全自愿的行为，而是会显著降低企业的融资能力，在资本市场不够健全和完善的情况下，某种程度上讲商业信用是容易获得贷款的企业为难以获得贷款的企业进行融资。

企业规模（*size*）。在新贸易理论框架下，企业自身规模具有明显的成本优势。企业规模越大，其资金可能越充足、人力资源越丰富、技术越先进，进而在产品质量升级等方面具有更大的优势。本章使用企业职工人数来衡量企业的规模，相比其他指标可以减少统计过程中的误差，有助于增加回归结果的准确性，该变量取自然对数。

企业存续年限（*age*）。一方面，在考虑员工长久雇佣的情况下，企业存续的年限越长，员工的工作经验越丰富，对本企业产品的优缺点更为熟悉，会更为了解该如何改进产品质量；另一方面，企业存续年限越长，生产设备等硬件设施可能会出现老化的情况，一些老企业特别是一些国有企业会存在一些历史遗留债务或老职工安置的问题，这些在一定程度上会降低企业提升产品质量的能力。企业存续年限用当年年份与企业成立年份的差来衡量。

企业全要素生产率（*tfp*）。使用 Head 和 Ries（2003）提出的近似全要素生产率的估计方法。该方法计算简便，并具备参数估计法的优点，估计方程为 $tfp = \ln (y/l) - s \times \ln (k/l)$，其中，$y$ 代表工业增加值，l 代表年均从业人员数，k 代表固定资产规模，s 代表生产函数中资本的贡献度。由于数据库中并未提供 2008 年和 2009 年的工业增加值信息，y 以企业的工业总产值近似替代，将 s 设定为 1/3。

竞争程度（*hhi*）。采用赫芬达尔指数作为测量指标，具体由某特定市场上所有企业的市场份额的平方和表示：$hhi = \sum_{i=1}^{N} (X_i/X)^2$。其中，$N$ 表示 CIC3 位行业企业数量，X_i 表示第 i 个企业的规模，X 表示市场总规模，本章选取出口值作为市场规模。*hhi* 越小，竞争程度越高；反之则越低。

贸易类型（*trade*）。将出口企业划分为三类：一是一般贸易类型企业（*gen-*

eral），即企业仅从事一般贸易方式的出口；二是加工贸易类型企业（*process*），即企业仅从事加工贸易方式的出口；三是混合类型企业（*mixed*），即企业既有一般贸易方式也有加工贸易方式的出口。三种类型企业分别为"0～1"虚拟变量，为相应类型则赋值为 1，否则为 0。

企业所有制类型（*ownership*）。根据企业登记注册类型，将企业分为国有企业（*state*）、集体企业（*joint*）、独立法人企业（*legal*）、私人企业（*private*）和外资企业（*foreign*）五种。

三、出口产品质量测算

（一）企业出口产品质量测算方法

借鉴 Amiti 和 Khandelwal（2013）、施炳展和邵文波（2014）等的做法，假设消费者效用函数如下：

$$U = \Big[\sum_{i=1}^{N_{gt}} (\theta_{imt}^g)^{\frac{1}{\sigma_g}} (q_{imt}^g)^{\frac{\sigma_g-1}{\sigma_g}}\Big]^{\frac{\sigma_g}{\sigma_g-1}} \tag{4.2}$$

其中，θ_{imt}^g 表示企业 i 在 t 年对 m 国出口产品 g 的质量，q_{imt}^g 表示出口产品 g 的数量，σ_g 表示产品种类间的替代弹性，对应的需求函数如下：

$$q_{imt}^g = \theta_{imt}^g (p_{imt}^g / P_{mt}^g)^{-\sigma_g} (E_{mt}^g / P_{mt}^g) \tag{4.3}$$

其中，P_{mt}^g 表示进口国的价格指数，E_{mt}^g 表示市场规模。对式（4.3）进行整理后得到计量回归方程式：

$$\ln q_{imt}^g = \chi_{imt}^g - \sigma_g \ln p_{imt}^g + \varepsilon_{imt}^g \tag{4.4}$$

其中，$\chi_{imt}^g = E_{mt}^g + (\sigma_g - 1) P_{mt}^g$，将其设为进口国—年份虚拟变量，以控制进口距离等仅随进口国变化的变量，汇率等随时间推移而变化的变量，以及国内生产总值等随时间和进口国变化的变量。$\varepsilon_{imt}^g = \ln\theta_{imt}^g$ 可以用来测度企业 i 在 t 年对 m 国出口产品 g 的质量，作为残差项处理。同时，加入国内市场需求规模控制企业生产的产品种类。

对于式（4.4）的估计，由于产品价格 $\ln p_{imt}^g$ 同产品质量相关，这就导致测算可能有偏，因此需要寻找合适的工具变量来解决这一内生性问题。Khandelwal（2010）选取运输成本作为产品价格的工具变量；Luong（2020）认为运输成本是影响产品出口价格的一个重要因素，运输距离越远，产品价格可能就越高，为此选取出口企业所在省份是否有港口作为运输成本的代理变量。借鉴该文的思路，本章使用出口企业所在城市到最近的大港口的直线距离表示运输成本[①]，将其作为产品价格的工具变量进行 2SLS 估计。在考虑模型的内生性后对式（4.4）进行回归，然后通过式（4.5）定义产品质量 qua_{imt}^g：

$$qua_{imt}^g = \hat{\varepsilon}_{imt}^g \tag{4.5}$$

为了获得企业总体层面的质量，需要将产品层面的质量加总到企业层面，然而不同产品的质量加总的经济学意义不明显，为此我们对式（4.5）进行了标准化处理，从而可以获得每个企业在每个年度对于每一 HS 分类产品的标准化质量指标 $squa_{imt}^g$，即式（4.6）：

$$squa_{imt}^g = (qua_{imt}^g - minqua_{imt}^g)/(maxqua_{imt}^g - minqua_{imt}^g) \tag{4.6}$$

其中，$maxqua_{imt}^g$、$minqua_{imt}^g$ 分别为针对某一产品 h，在所有年度、所有企业、所有进口国层面上求出的产品质量的最大值和最小值。$squa_{imt}^g$ 位于 $0 \sim 1$，而且没有单位，可以在不同层面加总。整体指标如式（4.7）所示：

$$quality = \frac{v_{imt}^g}{\sum_{imt \in \Omega} v_{imt}^g} \times squa_{imt}^g \tag{4.7}$$

其中，$quality$ 代表企业出口产品整体质量，Ω 表示企业层面的样本集合，v_{imt}^g 表示某一类产品 g 在 t 年对 m 国的出口额。

借鉴施炳展和邵文波（2014）的方法，对海关进出口数据进行了整理。按照

---

① 对于大港口的选取，我们重点考虑了港口的规模和港口的地理分布，主要选取以下七个港口：上海港、天津港、大连港、广州港、青岛港、宁波港、秦皇岛港。如果出口企业所在省份有大港口，我们将其距离设为 0。对于直线距离的测度来自 Google 地图。

HS6 位码将所有样本分为 5010 类产品分别进行回归①。

（二）中国企业出口产品质量总体变化趋势及解释

从图 4-2 可以发现：一是中国企业出口产品质量在 2000~2011 年总体呈上升趋势；二是整个区间呈现出两个明显的"U"形变化，其中第二个"U"形（2007~2011 年）底部高于第一个"U"形（2000~2007 年）底部。

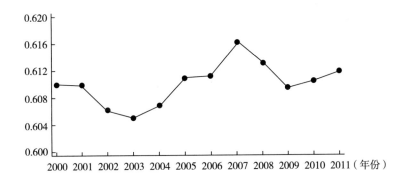

图 4-2 中国出口产品质量（2000~2011 年）

资料来源：笔者计算整理得到。

对于第一个"U"形（2000~2007 年），自 2000 年开始，企业出口产品质量开始下降，2003 年下降至 0.605，处于最低点后开始上升，出现这一变化的可能原因在于中国加入 WTO 后，进入世界市场的门槛条件降低，大批低产品质量企业进入出口市场，使得企业出口产品质量总体出现下降，但这些企业自身能力有限，难以在国外市场立足，很快又被淘汰出国际市场，保留下来的则是经得住考验、获得较多锻炼的企业，总体出口产品质量随之上升。对于第二个"U"形（2007~2011 年），2008 年企业出口产品质量开始下降，2009 年达到最低点，这可以从以下三个方面进行解释：一是受金融危机影响，企业产品市场和融资市场

---

① 编码之间的转换文件来自世界银行，参见 http：//wits. worldbank. org/product_ concordance. html。

都面临着外部冲击，出现盈利下降和现金流短缺等现象，使得企业在提升产品质量面前捉襟见肘；二是金融危机使得主要进口国家经济发展缓慢、居民收入水平下降，对高质量产品的需求减少；三是一些短视的企业为了扩大销路，不惜进行价格战，放松质量要求、工艺管理，降低原材料质量标准导致企业产品质量出现大幅下降。企业出口产品质量在 2010 年、2011 年得到了进一步提升，一方面这可能是外部需求形势好转，对高质量产品的需求增加；另一方面可能是一些生产低质量产品的企业无法经受金融危机的冲击而被淘汰。

第四节　全样本检验

一、基本回归

表 4-1 给出了基本回归结果。列（1）显示，在没有控制其他企业层面变量的情况下，最低工资标准每上调 10 个百分点，企业出口产品质量下降 0.106 个百分点，这意味着最低工资标准上调显著降低了企业出口产品质量。在列（2）中将行业研发密度同企业出口产品质量进行回归，发现行业研发密度每提高 10 个百分点，企业出口产品质量将提高 0.874 个百分点，即弹性为 0.087，这意味着作为产品质量投资的研发投入，对于提升企业出口产品质量具有重要意义。在列（3）中将最低工资标准、行业研发密度一起同企业产品质量进行回归，发现二者的影响系数仍然在 5% 的水平下显著。在列（4）中加入企业特征变量，在其他条件不变的情况，最低工资标准每上调 10%，企业出口产品质量将下降 0.356 个百分点。此处回归结果从经验上证明了最低工资标准对企业出口产品质量的抑制作用。

表 4 - 1　基本回归结果

解释变量	（1）	（2）	（3）	（4）
lnmw	- 0. 011 **		- 0. 011 **	- 0. 036 ***
	（0. 005）		（0. 005）	（0. 005）
rd		0. 087 ***	0. 088 ***	0. 062 ***
		（0. 002）	（0. 002）	（0. 002）
finance				- 0. 003 ***
				（0. 000）
tfp				0. 018 ***
				（0. 001）
age				- 0. 000 **
				（0. 000）
size				0. 037 ***
				（0. 001）
process				0. 000
				（0. 003）
mixed				0. 051 ***
				（0. 001）
hhi				- 0. 460 ***
				（0. 038）
foreign				0. 031 ***
				（0. 007）
legal				0. 013 *
				（0. 007）
private				0. 006
				（0. 007）
collective				0. 015 *
				（0. 009）
年份固定效应	yes	yes	yes	yes
省份固定效应	yes	yes	yes	yes

续表

解释变量	（1）	（2）	（3）	（4）
常数项	- 0. 492 ***	- 0. 818 ***	- 0. 753 ***	- 0. 779 ***
	(0. 030)	(0. 009)	(0. 031)	(0. 032)
N	232270	232270	232270	232270

注：①"***""**""*"分别表示在1%、5%、10%的水平下显著，括号内为稳健标准误。②无特别说明，本章下表同。

控制变量的回归结果基本符合已有关于出口产品质量检验的结论。研发投入（*rd*）越多，越可能发明新产品、新工艺，或是对原有产品进行改进，进而不断提高出口产品质量。融资约束（*finance*）越小，企业出口产品质量越高，企业面临融资约束时通常会减少风险较高的投资，如减少高质量中间品的进口或者是研发投入，从而造成出口产品质量降低。生产效率提高（*tfp*），可以降低企业生产的可变成本，提升产品质量。企业存续年限（*age*）对产品质量影响为负数，这意味着企业存续年限的增加并不必然转化为优势。企业规模（*size*）对产品质量的影响系数显著为正，这一结论与 Kugler 和 Verhoogen（2012）的研究一致。加工贸易（*process*）和混合贸易（*mixed*）的影响系数为正，由于加工贸易的国外附加值比例高，其中间投入质量更高，出口产品质量也相对更高。市场集中程度（*hhi*）越低，竞争越为激烈，企业迫于竞争压力会不断提升产品质量。相比国有企业（*state*），法人企业（*legal*）和外资企业（*foreign*）出口产品质量更高，可能的原因在于这两类企业生产效率和研发效率都相对更高。

二、稳健性检验

表 4-2 报告了一系列稳健性检验的回归结果。借鉴 Crinò 和 Ogliari（2017）的做法，对可能出现的异常值做了进一步处理，在列（1）中对企业出口产品质量 *quality* 进行了 1% 水平的双边缩尾处理；在列（2）中将 *quality* 在 1% 水平上进行了双边截尾。由于前文中对部分最低工资标准缺失的县区进行了替代，在列

（3）中予以剔除；列（4）对 OLS 回归得出的 *quality* 进行了分析。检验发现，最低工资标准的系数虽大小有所变化，但都在 1% 的水平下显著为负。

表 4 - 2　稳健性检验

解释变量	（1） *quality* 双边 缩尾 1%	（2） *quality* 双边 剔除 1%	（3） ln*mw* 替代值剔除	（4） OLS 测算的 *quality*
ln*mw*	- 0. 035 ***	- 0. 033 ***	- 0. 034 ***	- 0. 036 ***
	（0. 005）	（0. 004）	（0. 005）	（0. 005）
rd	0. 056 ***	0. 049 ***	0. 062 ***	0. 062 ***
	（0. 002）	（0. 002）	（0. 002）	（0. 002）
finance	- 0. 003 ***	- 0. 003 ***	- 0. 003 ***	- 0. 003 ***
	（0. 000）	（0. 000）	（0. 000）	（0. 000）
tfp	0. 017 ***	0. 016 ***	0. 018 ***	0. 018 ***
	（0. 001）	（0. 001）	（0. 001）	（0. 001）
age	- 0. 000 ***	- 0. 000 ***	- 0. 000 ***	- 0. 000 **
	（0. 000）	（0. 000）	（0. 000）	（0. 000）
size	0. 036 ***	0. 034 ***	0. 037 ***	0. 037 ***
	（0. 001）	（0. 001）	（0. 001）	（0. 001）
process	0. 000	0. 001	0. 000	0. 000
	（0. 002）	（0. 0022）	（0. 003）	（0. 003）
mixed	0. 049 ***	0. 046 ***	0. 051 ***	0. 051 ***
	（0. 001）	（0. 001）	（0. 001）	（0. 001）
hhi	- 0. 429 ***	- 0. 396 ***	- 0. 459 ***	- 0. 461 ***
	（0. 035）	（0. 032）	（0. 040）	（0. 038）
foreign	0. 028 ***	0. 027 ***	0. 030 ***	0. 031 ***
	（0. 006）	（0. 006）	（0. 007）	（0. 007）
legal	0. 010 *	0. 010 *	0. 012	0. 014 *
	（0. 006）	（0. 006）	（0. 007）	（0. 007）
private	0. 003	0. 003	0. 004	0. 006
	（0. 006）	（0. 006）	（0. 007）	（0. 007）

续表

解释变量	（1）	（2）	（3）	（4）
	quality 双边缩尾 1%	*quality* 双边剔除 1%	lnmw替代值剔除	OLS 测算的*quality*
collective	0.011	0.013 *	0.011	0.015 *
	（0.008）	（0.007）	（0.009）	（0.009）
年份固定效应	yes	yes	yes	yes
省份固定效应	yes	yes	yes	yes
常数项	− 0.751 ***	− 0.713 ***	− 0.790 ***	− 0.783 ***
	（0.028）	（0.026）	（0.033）	（0.032）
N	232270	227626	215120	232270

三、内生性问题的讨论

基本回归可能存在以下内生性问题：一是最低工资标准与企业出口产品质量之间存在双向因果关系。2007 年劳动和社会保障部发布的《关于进一步健全最低工资制度的通知》，要求"各地劳动保障部门要会同同级工会、企业联合会/企业家协会，定期对最低工资标准进行评估，根据本地区经济发展水平、职工平均工资、城镇居民消费价格指数和就业状况等相关因素变化情况，及时提出调整月最低工资标准和小时最低工资标准的方案"。宁光杰（2011）的实证研究也发现，中国各地区最低工资标准的制定基本能够体现劳动者、企业和政府三方的利益要求。因此，企业的出口产品质量可能会影响最低工资标准的高低。二是测量误差问题，对于产品质量的测算，虽然尽可能地做到了精确，但残差项除包含产品质量外，还包括一些影响产品需求但无法分离出来的因素。三是遗漏变量问题，例如，企业家才能是影响企业出口产品质量的关键因素（Verhoogen，2008），而中国工业企业数据库中并无相关的企业家信息。为此，本部分分别采用滞后一期变量法、滞后一期工具变量法、面板固定效应模型、双重差分法和基于倾向得分匹配的双重差分法进行检验，以期更为准确地评估最低工资标准对企业出口产品质量的影响。

（一）滞后一期变量法

假设模型误差项没有太强的时间序列相关性，而是由本期的扰动决定，这样就可以用滞后一期的最低工资标准替代当期值（Wooldridge，2010），即：

$$quality_{idt} = \alpha + \beta_1 \ln mw_{idt-1} + \gamma D + \lambda_p + \phi_t + \varepsilon_{idt} \tag{4.8}$$

如果 $\ln mw_{idt} = \ln mw_{idt-1} + e_{idt}$，$E（\ln mw_{idt} \varepsilon_{idt}）= 0$，那么这样就可以排除本期企业出口状况对最低工资制定标准的影响。回归结果如表 4-3 列（1）所示，$\ln mw_{idt-1}$ 的影响系数在 1% 的水平下显著为负，其他变量的回归结果同基本回归的结果相比也并无太大变化。接下来对误差项是否存在较强的时间序列相关性进行了验证：一是发现 $\ln mw_{idt}$ 同 $\ln mw_{idt-1}$ 之间的相关系数为 0.9706，这意味着我们的替代是合理的；二是为了检验滞后一期的自变量是否外生，从回归结果中先估算出残差项的值，然后用 $\ln mw_{idt-1}$ 对其回归，发现残差项对 $\ln mw_{idt-1}$ 没有影响，其相关系数也接近于 0，从而表明不存在时间上持续的因素同时影响 $quality_{idt}$ 和 $\ln mw_{idt-1}$。

（二）滞后一期工具变量法

本章采用 $\ln mw_{idt-1}$ 作为工具变量，这样既可以保证工具变量和出口产品质量之间显著相关，又能保证工具变量相对于出口产品质量的外生性。本章使用 Kleibergen 和 Paap（2006）提出的 Wald 统计量来检验这一工具变量是否与内生的回归因子相关。这一模型零假设的拒绝域由 1% 的显著性水平确定。此外，笔者对工具变量是否与企业当期的最低工资标准存在弱相关进行了检验，如存在弱相关，则工具变量法所做的估计将会失效。第一阶段被弱识别零假设，Kleibergen 和 Paap（2006）的 F 统计量可以在一个较高的显著性水平下拒绝。总之，这些统计检验充分表明本书使用 $\ln mw_{idt-1}$ 作为工具变量是较为恰当的。表 4-3 列（2）中汇报了 2SLS 第 2 阶段的结果，可以看出上调最低工资标准将导致较低的企业出口产品质量，具体来说，在 2005～2010 年最低工资标准每上调 10%，企业出口产品质量将会下降0.43%。

（三）面板固定效应模型

笔者首先将样本处理为7957家企业2005～2010年的面板数据，然后进行面板固定效应模型回归，控制不随时间推移而变化、无法观测的企业特征变量，进而可以部分消除遗漏变量问题。表4－3列（3）中报告了固定效应回归的结果，最低工资标准的影响系数在5%的水平下显著为负，最低工资标准每上调10%，企业出口产品质量将会下降0.24%。

（四）双重差分法

由于各县区最低工资标准上调间隔并不一致，这给本章使用双重差分法提供了一个很好的分析条件，问题的关键在于如何选择实验组和控制组，以保证实验组与控制组之间的出口产品质量差异是由实验变量即最低工资标准导致的。借鉴丁守海（2010）、马双和甘犁（2013）的做法，本书选取福建、广东两省作为分析样本，主要原因：一是福建省2007年各县市区最低工资标准较2006年都有所上升，而广东省除深圳市最低工资标准小幅提升外，其余各县市区均维持着2006年的标准；二是两省几乎是同时开始对外开放、吸收外来投资、承接国际产业转移的，两省相邻，拥有共同的腹地和交叉市场，文化、习惯相似；三是两省出口产品质量的变化趋势基本一致[①]，这些都构成了"准自然实验"得以有效进行的基础。本书设定如下回归模型：

$$quality_{idt} = \alpha + \beta_1 time_t + \beta_2 treat_{ip} + \beta_3 inter_{idt} + \gamma D + \lambda_p + \varepsilon_{idt} \qquad (4.9)$$

其中，$time$代表时间虚拟变量，若观测时间为2007年，则取值为1，否则取值为0。$treat$代表二元变量，用以区分实验组与控制组。如果企业所在地为除深圳市外的广东省各县市区，则该样本归入控制组，$treat$取值为0；若企业所在地为福建省，则归入实验组，$treat$取值为1。$inter$代表$time$与$treat$的交叉项，β_3为

---

① 使用双重差分法的一个重要前提条件就是组别之间存在相同的变化趋势，这样双重差分法估计的结果才是我们所期望的政策效果，否则研究结果就可能含有其他冲击的影响而使得估计结果有偏。

最低工资标准对出口产品质量的影响。控制变量的含义与式（4.1）相同。表 4-3列（4）中 $time$ 的系数显著为正，这说明广东和福建两省2006～2007年随时间推移而变化的非政策性因素对企业出口产品质量产生了正向影响。$treat$ 的系数显著为正，为0.037，这说明在2007年福建省企业出口产品质量比广东省高约 3.72个百分点。$inter$ 的影响系数在1%的水平下显著为负，这意味着2007年最低工资标准的上调对于福建企业出口产品质量产生了明显的负向影响。

表4-3　内生性检验

解释变量	（1）滞后一期变量法	（2）滞后一期工具变量	（3）面板固定效应	（4）双重差分法
L. $lnmw$	-0.038 ***			
	(0.005)			
$lnmw$		-0.043 ***	-0.024 **	
		(0.006)	(0.008)	
$inter$				-0.035 ***
				(0.005)
$time$				0.074 ***
				(0.004)
$treat$				0.037 ***
				(0.007)
rd	0.062 ***	0.062 ***	0.039 **	0.026 ***
	(0.002)	(0.002)	(0.014)	(0.006)
$finance$	-0.003 ***	-0.003 ***	-0.001	-0.004 ***
	(0.000)	(0.000)	(0.001)	(0.001)
tfp	0.018 ***	0.0148 ***	0.018 **	0.025 ***
	(0.001)	(0.001)	(0.007)	(0.003)
age	-0.000 **	-0.000 **	-0.000	-0.001
	(0.000)	(0.000)	(0.000)	(0.000)
$size$	0.037 ***	0.037 ***	0.030 ***	0.051 ***
	(0.001)	(0.001)	(0.004)	(0.002)

续表

解释变量	(1) 滞后一期 变量法	(2) 滞后一期 工具变量	(3) 面板 固定效应	(4) 双重 差分法
process	0.000 (0.003)	0.001 (0.003)	− 0.000 (0.006)	0.019 *** (0.006)
mixed	0.051 *** (0.001)	0.051 *** (0.001)	0.035 *** (0.004)	0.019 *** (0.005)
hhi	− 0.459 *** (0.038)	− 0.459 *** (0.038)	− 0.514 *** (0.057)	− 0.678 *** (0.153)
foreign	0.031 *** (0.007)	0.031 *** (0.007)	0.055 *** (0.010)	0.023 (0.023)
legal	0.013 * (0.007)	0.013 * (0.007)	0.038 ** (0.013)	0.004 (0.023)
private	0.006 (0.007)	0.005 (0.007)	0.028 * (0.013)	− 0.011 (0.024)
collective	0.015 * (0.009)	0.015 * (0.009)	0.028 * (0.014)	− 0.024 (0.033)
年份固定效应	yes	yes	yes	no
省份固定效应	yes	yes	yes	no
常数项	− 0.769 *** (0.0306)	− 0.730 *** (0.0403)	− 0.707 *** (0.0611)	− 0.950 *** (0.0322)
N	232270	232270	47742	18911

（五）基于倾向得分匹配的双重差分法

上一部分借助福建省最低工资标准上调所构成的"准自然实验"进行了内生性检验，虽然在构造过程中，尽可能地考虑了两省之间的可比性，但仍然是非真正意义上的"自然实验"，实验组与控制组之间是否可比仍然值得怀疑。基于这一考虑，笔者使用基于倾向得分匹配的双重差分法进行验证①，一方面，通过

————————————
① 本书采用常见的 kernel 匹配方法，区间间隔为 0.06。

"倾向得分匹配"，可以有效控制参照组和控制组在"可观测特征"上的差别，从而尽量满足"条件独立假设"；另一方面，通过双重差分，可以有效消除"不随时间推移而改变"的不可观测的个体异质性，以及实验组和控制组个体在2006～2007年所经历的共同趋势。在估计倾向分值函数时选择了 Logit 模型。在估得每一个体的倾向分值后，据此对样本进行匹配，方法是选择落在"共同支持"倾向分值区间的个体，对每个实验组企业选取一个或多个倾向分值与他"足够接近"的控制组企业与之匹配。表 4 - 4 报告了回归结果①，其中，用以配对的变量包括企业资金约束、存续年限、企业规模等。为了保证配对质量所要求的样本量，笔者只对福建、广东两省的企业进行了分析。可以看出，最低工资标准显著降低了出口产品质量。

表 4 - 4　基于倾向得分匹配的双重差分法

	(1)
ATE	- 0. 036 ***
	(0. 012)
N	10579

第五节　分样本检验

本节基于行业劳动要素密度、所有制类型和所在地区对样本进行划分，进而考察最低工资标准影响企业出口产品质量的群体差异性，以期得到更为细化的

---

① 篇幅所限，此处 Logit 检验和协变量检验结果均未报告。

结论。

一、区分行业的检验

一般来讲，纺织、服装业等劳动密集型行业对最低工资标准更为敏感，而机电和高新技术产品等依赖高级生产要素的行业则对最低工资标准的敏感性相对较弱。因此将所有行业按照其行业资本劳动比划分成资本密集型行业、中间行业以及劳动密集型行业。借鉴 Lu（2010）的做法，选取各个行业内所有企业资本劳动比的中位数作为该行业的资本劳动比，然后取行业资本劳动比的 1/3、2/3 分位点作为 3 类不同行业的分界。

从表 4-5 可以看出，资本密集型行业样本组和中间行业样本组的最低工资标准的影响系数没有通过显著性检验，而劳动密集型行业影响系数则在 1% 的水平下显著为负。总体来讲，随着劳动要素密集度的增加，最低工资标准对企业产品质量的抑制作用不断加强。可能的原因：一是某一行业劳动密集度越高，劳动投入越多，最低工资标准带来的成本效应越大；二是劳动要素密度越低，企业资本要素和技术要素密集度越高，由于资本和技术要素的相对丰裕，更可能使用资本和技术对劳动要素进行替代；三是资本、技术密集型企业高技能员工比例相对较高，企业进行在职培训的激励更大（Acemoglu and Pischke，2003），并且企业受资金约束相对较小，更能满足对员工进行在职培训的资金需要。

表 4-5　分行业的检验

解释变量	(1)	(2)	(3)
	资本密集型行业	中间行业	劳动密集型行业
lnmw	0.004	-0.010	-0.029 ***
	(0.012)	(0.008)	(0.007)
rd	0.031 ***	0.097 ***	0.024 ***
	(0.005)	(0.005)	(0.003)

续表

解释变量	(1)	(2)	(3)
	资本密集型行业	中间行业	劳动密集型行业
finance	0.000	−0.002***	0.001**
	(0.001)	(0.000)	(0.000)
tfp	0.029***	0.020***	0.014***
	(0.002)	(0.001)	(0.001)
age	0.000**	0.000***	0.000**
	(0.000)	(0.000)	(0.000)
size	0.0374***	0.032***	0.036***
	(0.001)	(0.001)	(0.001)
process	−0.003	−0.006	0.019***
	(0.005)	(0.005)	(0.004)
mixed	0.058***	0.052***	0.042***
	(0.003)	(0.002)	(0.002)
hhi	−0.068*	−0.986***	−0.492***
	(0.036)	(0.122)	(0.111)
foreign	0.013	0.039***	0.029*
	(0.012)	(0.011)	(0.015)
legal	−0.011	0.021*	0.015
	(0.012)	(0.011)	(0.015)
private	−0.010	0.010	0.008
	(0.012)	(0.011)	(0.015)
collective	0.012	0.005	0.022
	(0.016)	(0.013)	(0.017)
年份固定效应	yes	yes	yes
省份固定效应	yes	yes	yes
常数项	−1.007***	−1.018***	−0.664***
	(0.070)	(0.051)	(0.046)
N	62647	109840	59783

二、区分所有制类型的检验

表 4 - 6 报告了最低工资标准对不同所有制类型企业出口产品质量的影响。列（1）中国有企业样本组回归结果显示，最低工资标准的回归系数在 5% 的水平下显著为负，最低工资标准每上调 10%，出口产品质量将下降 1.26%，这一幅度远远大于总体样本的平均水平，以及最低工资标准对非国有企业的影响，这就说明最低工资标准对国有企业出口产品质量造成了显著的抑制作用。

表 4 - 6　分所有制类型的检验

解释变量	(1) 国有企业	(2) 外资企业	(3) 法人企业	(4) 私人企业	(5) 集体企业
lnmw	-0.126**	-0.036***	-0.090***	-0.026***	-0.008
	(0.052)	(0.010)	(0.013)	(0.007)	(0.048)
rd	0.035*	0.057***	0.065***	0.063***	0.086***
	(0.021)	(0.004)	(0.0051)	(0.003)	(0.017)
finance	0.000	-0.003***	-0.002***	-0.004***	0.002
	(0.004)	(0.000)	(0.001)	(0.000)	(0.003)
tfp	0.032***	0.016***	0.018***	0.019***	0.029***
	(0.011)	(0.002)	(0.002)	(0.001)	(0.007)
age	0.001	-0.001***	-0.000**	-0.000***	-0.000
	(0.001)	(0.000)	(0.0002)	(0.000)	(0.001)
size	0.029***	0.037***	0.034***	0.038***	0.022***
	(0.006)	(0.001)	(0.002)	(0.001)	(0.005)
process	0.020	0.002	-0.004	0.003	-0.022
	(0.034)	(0.004)	(0.009)	(0.004)	(0.034)
mixed	0.087***	0.043***	0.056***	0.050***	0.084***
	(0.014)	(0.003)	(0.004)	(0.002)	(0.011)
hhi	-0.262	-0.480***	-0.482***	-0.456***	-1.068**
	(0.169)	(0.080)	(0.082)	(0.054)	(0.423)
年份固定效应	yes	yes	yes	yes	yes

续表

解释变量	(1)	(2)	(3)	(4)	(5)
	国有企业	外资企业	法人企业	私人企业	集体企业
省份固定效应	yes	yes	yes	yes	yes
常数项	-0.362	-0.696***	-0.438***	-0.830***	-0.915***
	(0.308)	(0.061)	(0.077)	(0.041)	(0.288)
N	2120	66206	33008	127998	2938

由于经营目标、外部经营环境和内部管理机制等方面的巨大差异，国有企业和非国有企业的职工在工资上出现了制度性的割裂，相比非国有企业，国有企业支付了更高的职工工资（陆正飞等，2012），而工资水平高于最低工资标准越多，最低工资标准上调带来的工资溢出效应就越小（邸俊鹏和韩清，2015）。因此，相比非国有企业，最低工资标准上调给国有企业带来的成本效应相对更小。可能的解释有以下两个方面：一是根据企业理论，生产部门中的生产效率最大化要求生产剩余索取权与生产剩余控制权相对应，在国有企业中，政府官员和企业经营者作为代理人虽然拥有实际的剩余控制权但没有剩余索取权；全体国民（或国家）作为委托人虽拥有剩余索取权但没有实际的剩余控制权，从而造成委托人层面和代理人层面上均存在着剩余索取权与剩余控制权的不对应，进而不可避免地导致效率上的损失（吴延兵，2012）。面对最低工资标准上调，国有企业进行要素替代、加强对员工在职培训的激励可能相对更小。二是由于国有企业工作稳定性相对更高，高工资对员工产生的"效率工资效应"相对更小。

三、区分所在地区的检验

中国幅员辽阔，由于发展政策、区域位置、要素禀赋、基础设施等方面的不同，经济发展表现出强烈的区域差异。因此，为了进一步考察最低工资标准对不同地区出口产品质量所产生的异质性影响，按照地域分布把所有企业划分为东部地区企业、中部地区企业和西部地区企业三个样本组分别进行检验，回归结果见

表4–7。

表4–7列（1）、列（2）中最低工资标准的影响系数都在5%的水平下显著为负，这说明最低工资标准显著抑制了东部地区企业和中部地区企业的出口产品质量，并且对中部地区企业的抑制作用大于东部地区企业。可能的原因是：虽然相比中部地区企业，东部地区企业劳动力短缺更为严重，但是劳动者技能水平相对更高，可能会进行更多的在职培训，并且东部地区企业技术水平先进、信息发达、基础设施良好，可以更好地从外部获得技术和资本要素以对劳动要素进行替代。对于西部地区企业，最低工资标准的影响系数估计值虽然为负，但是在10%的水平下并不显著，这表明最低工资标准对西部地区企业出口产品质量的影响并不存在明显的抑制作用。可能的解释是，西部地区企业的最低工资标准远低于东部、中部地区企业的，由于处于较低的水平，给企业带来的"成本效应"较小，又由于技术和资金的约束，"要素替代效应"也较小，员工技能水平较低，在职培训所产生的激励和效率工资所产生的正向效应都较小。

表4–7　分所在地区的检验

解释变量	(1)	(2)	(3)
	东部地区企业	中部地区企业	西部地区企业
lnmw	– 0.032 ***	– 0.046 **	– 0.056
	(0.005)	(0.021)	(0.042)
rd	0.063 ***	0.061 ***	0.027 *
	(0.002)	(0.009)	(0.015)
finance	– 0.003 ***	– 0.005 ***	– 0.008 ***
	(0.000)	(0.001)	(0.002)
tfp	0.019 ***	0.006	0.019 **
	(0.001)	(0.004)	(0.008)
age	– 0.000 ***	0.000	0.000
	(0.000)	(0.000)	(0.000)

续表

解释变量	（1）	（2）	（3）
	东部地区企业	中部地区企业	西部地区企业
size	0.037***	0.035***	0.035***
	(0.001)	(0.003)	(0.005)
process	−0.000	0.004	0.044
	(0.003)	(0.016)	(0.038)
mixed	0.050***	0.057***	0.071***
	(0.001)	(0.007)	(0.012)
hhi	−0.523***	−0.189*	−0.079
	(0.045)	(0.010)	(0.132)
foreign	0.032***	0.035*	0.038
	(0.009)	(0.018)	(0.026)
legal	0.014	0.026	0.001
	(0.009)	(0.017)	(0.025)
private	0.006	0.021	0.006
	(0.009)	(0.017)	(0.024)
collective	0.016	0.030	−0.022
	(0.010)	(0.025)	(0.040)
年份固定效应	yes	yes	yes
省份固定效应	yes	yes	yes
常数项	−0.799***	−0.659***	−0.551**
	(0.035)	(0.124)	(0.252)
N	215858	12147	4265

第六节 本章小结

本章基于手工查找的 2005～2010 年全国 2855 个市县区最低工资标准数据、中国工业企业和海关贸易数据库的匹配数据，就最低工资标准对出口产品质量的影响进行了实证研究。

研究发现,2000～2011 年中国企业出口产品质量总体呈上升趋势,并呈现出两个明显的"U"形变化趋势;最低工资标准显著抑制了企业出口产品质量,这一结论在进行多项稳健性检验和克服内生性问题后仍然成立。分样本回归发现,最低工资标准对出口产品质量的抑制作用存在行业、地区和企业所有制之间的差异,劳动要素密集度越高,抑制作用越大;对中部地区企业的抑制作用大于东部地区企业,对于西部地区企业的影响则不显著;对国有企业的抑制作用大于非国有企业。

最后,需要特别说明两点:一是本章的结论不能简单用来判断最低工资制度的成功与否。实际上,任何一项政策都不可能只有一个目标指向,既有研究也发现最低工资标准对各经济主体的福利影响不尽相同。从更广泛的意义上讲,本章的研究主要是为评估最低工资制度的影响拓展了一个新的视角。二是本章尚存进一步拓展的空间,如本章在第二部分梳理了影响机制的四条渠道,但囿于数据的限制,我们在经验研究的过程中对机制无法做进一步验证,如果可以获得员工技能水平构成、研发投入、培训费用等方面的数据,就能提供更有价值的研究。

第五章 国有企业改制对出口产品质量的影响

第一节 引言

自 20 世纪末至 21 世纪初，中国经历了世界范围内最大规模的国有企业改制，这对中国的经济产生了深远的影响（Hsieh and Song，2015；Gan et al.，2017）。与此同时，中国逐渐摒弃了以优先发展重工业为目标的赶超战略，开始以劳动力价格和质量上的比较优势登上世界舞台，使中国从一个封闭的经济体跃升为世界出口大国，然而出口产品质量总体状况仍难言乐观（Feenstra and Romalis，2014）。国有企业在改制前没有生产决策自主权，缺乏技术创新与技术激励，技术进步缓慢，产品种类和质量变化不大（林毅夫等，2014）。在改制后，利润最大化成为企业的主要目标，出口产品质量是否会有所提高呢？如果国企改制有助于提升出口产品质量，那么国有资本是全部退出还是保留一定的股权比例呢？这种影响是否存在异质性？作用机制是什么？对于以上问题的回答，既关系到对以往国有企业改制更为全面、客观的评价，以及未来如何做优做强做大国有资本，也关系到如何推动中国出口企业顺利实现转型升级，培育出新的出口竞争优势，实现由贸易大国向贸易强国的转变。

事实上，提高国有企业出口产品质量、增强国际竞争力一直是党和政府推行国有企业改革的重要目标。2000 年 9 月 28 日国务院办公厅转发国家经贸委起草的《国有大中型企业建立现代企业制度和加强管理的基本规范（试行）》要求，"围绕增加品种，改进质量。防治污染、提高效益和扩大出口进行技术改造，大力采用新技术、新工艺、新材料，不断提高企业的技术装备水平和工艺水平"；《国务院办公厅转发国资委关于推进国有资本调整和国有企业重组指导意见的通知》（国办发〔2006〕97 号）指出，"加快形成一批拥有自主知识产权和知名品牌、国际竞争力较强的优势企业"。党的十八届三中全会《中共中央关于全面深化改革若干重大问题的决定》指出，"国有企业要适应市场化、国际化新形势……提高企业效率、增强企业活力……进一步深化国有企业改革"。《国务院关于国有企业发展混合所有制经济的意见》（国发〔2015〕54 号）提出，"应对日益激烈的国际竞争和挑战，推动我国经济保持中高速增长、迈向中高端水平，需要深化国有企业混合所有制改革"。2015 年 8 月 24 日通过的《中共中央、国务院关于深化国有企业改革的指导意见》提出，"到 2020 年……形成更加符合我国基本经济制度和社会主义市场经济发展要求的国有资产管理体制、现代企业制度、市场化经营机制……培育一大批具有创新能力和国际竞争力的国有骨干企业"。党的十九大报告提出，"推动国有资本做强做优做大，有效防止国有资产流失。深化国有企业改革，发展混合所有制经济，培育具有全球竞争力的世界一流企业"，这也是首次将国企改革、发展混合所有制经济与培育具有全球竞争力放在一起。

第二节 理论模型

我们通过引入一个简单的科布—道格拉斯（C‐D）生产函数来说明企业如何从技术和成本角度来决定产品质量。从投入角度来讲，不论企业是何种所有制类型，其生产的产品质量都是由资本、劳动和技术条件所决定的，而企业改制通常会因要素市场面临的约束和企业内部激励的改变，从而影响成本投入决策，进而在给定生产技术和市场结构的条件下，最终影响产品质量。

一、模型设定

借鉴 Verhoogen（2008）的研究，将出口产品质量的生产函数设为：

$$Q_i = A_i F(K_i, L_i)$$

其中，下标 $i=0$ 表示国有企业未改制，$i=1$ 表示国有企业已改制。Q_i 表示产品质量，A_i 表示生产率。K_i 和 L_i 分别表示资本和劳动两种投入品，且劳动和资本的边际产品递减［即 $F(\cdot)$ 是递增的凹函数］。不同生产要素之间具有互补性：$\dfrac{\partial^2 F(\cdot)}{\partial K \partial L} > 0$。企业生产总成本由资本、劳动和固定成本所构成，即：

$$TC = r_i K_i + w_i L_i + FC$$

令 r 为竞争性市场的利息率水平（单位资本成本），则 $r_1 = r$ 是改制后企业面临的利息率，$r_0 = r - \tau$ 是未改制的国有企业所享受的补贴后的利息率水平，其中 $\tau \in [0, +\infty)$，表示政府补贴，即 $r_0 < r$ 表示国有企业的软预算约束问题。FC

表示固定成本①。

从劳动力角度来说，高技能劳动力令为 L_{is}，低技能劳动力令为 L_{iu}。高技能劳动力对产品的边际质量的贡献较高，即 $\partial F/\partial L_{1s} > \partial F/\partial L_{1u}$，且高、低技能劳动投入是互补的，即 $\dfrac{\partial^2 F}{\partial L_{is}\partial L_{iu}}>0$。改制前初始的劳动力 L_0 中包含 L_{0s} 的高技能工人和 L_{0u} 的低技能工人。国有企业内部由于存在"大锅饭"和"偷懒"问题，难以对员工产生激励效应，对所有技能的工人发放同样的工资 w_0，此时不同技能的工人的实际边际生产力是一样的，即 $\partial F/\partial L_{0s} = \partial F/\partial L_{0u}$。改制后的企业对不同技能的工人区别对待，缓解了委托—代理问题。企业为了激励工人，在均衡条件下支付给高、低技能工人的工资分别为 w_{1s} 和 w_{1u}，也是为了避免高技能工人选择低技能工人的工资和生产水平，所以必须给高技能工人一定的信息租金，即 $w_{1s} > w_{1u}$。同时，国企改制后，市场上高技能工人的竞争性工资水平为 w_{1s}，为了雇佣 L_s 数量的高技能工人，改制后的企业必须提供具有市场竞争力的工资水平。

改制后的企业利润最大化问题为

$$\{K_1^*,\ L_{1s}^*,\ L_{1u}^*\} = \mathrm{argmax}_{K_1,L_{1s},L_{1u}} A_1 F(K_1,\ L_{1s},\ L_{1u}) - rK_1 - w_{1s}L_{1s} - w_{1u}L_{1u} - FC$$

(5.1)

一阶条件要求边际资本和劳动的产出等于市场竞争性的资本成本和工资水平，即 $r = A_1\partial F/\partial K_1$，$w_{1s} = A_1\partial F/\partial L_{1s}$ 以及 $w_{1u} = A_1\partial F/\partial L_{1u}$。

然而对于国有企业而言，不仅要生产出一定质量的产品，还要提供大量就业岗位。即国有企业的"利润最大化"问题中还包含维持一定就业量的目标：

$$\{K_0^*,\ L_{0s},\ L_{0u}\} = \mathrm{argmax}_{K_0,L_{0s},L_{0u}} = A_0 F(K_0,\ L_{0s},\ L_{0u}) - (r - \tau)K_0 - w_0(L_{0s} + L_{0u}) - FC$$

(5.2)

受约束于：

---

① 在下文优化问题中，企业根据其面临的资本和劳动的要素价格来选择资本和劳动投入，因此固定成本 FC 不进入企业优化问题的一阶条件。固定成本的变化长期受一些外生因素的影响。

$L_{0s} + L_{0u} \geq L_0$（乘子为 μ）

其中，L_0 代表国有企业为了承担政治任务而雇佣的最低就业量，因此上述约束条件取等号（或对应的乘子 $\mu > 0$）。在国有企业的优化问题中，拉格朗日乘子的经济意义为雇佣"冗员"的政治利益。这样，国有企业的资本边际产品等于软预算约束下的资本成本：$r - \tau = A_0 \partial F / \partial K_0$；劳动对产品质量的边际贡献等于体制内统一的工资水平（即执行维持就业水平的工资）：$w_0 - \mu = A_0 \partial F / \partial L_0$。可见，劳动力资源的配置影响了工资和劳动投入，进而影响了单位劳动力对应的资本水平。

二、均衡分析

将产品质量的生产函数形式具体化为规模递减的科布—道格拉斯生产函数，即国有企业改制前后的产品质量生产函数分别为：$Q_0 = A_0 K_0^{\alpha} L_0^{\gamma}$，$Q_1 = A_1 K_1^{\alpha} L_{1s}^{\beta} L_{1u}^{\gamma}$。令 $\nu_0 = \alpha + \gamma < 1$，$\nu_1 = \alpha + \beta + \gamma < 1$ 且 $\beta > \gamma$[①]。则根据国有企业改制前后的优化问题式（5.1）和式（5.2）分别可以得到均衡的产品质量和对投入品的需求。均衡质量为

$$Q_0^* = \left[A_0 \left(\frac{\alpha}{r - \tau} \right)^{\alpha} \left(\frac{\gamma}{w_0 - \mu} \right)^{\gamma} \right]^{\frac{1}{1 - \nu_0}}, \quad Q_1^* = \left[A_1 (\alpha/r)^{\alpha} (\beta/w_{1s})^{\beta} (\gamma/w_{1u})^{\gamma} \right]^{\frac{1}{1 - \nu_1}}$$

$$(5.3)$$

国有企业改制前后对资本的均衡需求分别为

$$K_0^* = \frac{\alpha}{r - \tau} Q_0^*, \quad K_1^* = \frac{\alpha}{r} Q_1^*$$

$$(5.4)$$

国有企业改制前后对劳动的需求分别为

$$L_0^* = \frac{\gamma}{w_0 - \mu} Q_0^*, \quad L_{1s}^* = \frac{\beta}{w_{1s}} Q_1^*, \quad L_{1u}^* = \frac{\gamma}{w_{1u}} Q_1^*$$

$$(5.5)$$

---

① ν_0 和 ν_1 小于 1 表示规模报酬递减，这样保证了企业获得正的利润；$\beta > \gamma$ 表示单位高技能工人对质量的贡献高于低技能工人。

基于以上公式，可以得出：

引理：对投入品资本和劳动的需求随着生产率水平而递增，随着要素价格而递减。

资本和劳动需求式（5.4）和式（5.5）是企业优化问题式（5.1）和式（5.2）的五个一阶条件。为了考察生产率和要素价格变动对资本和劳动需求的影响，可以在式（5.4）和式（5.5）中，分别对生产率水平 A 以及要素价格 r，w_u，w_s 进行微分（或取对数）。由于边际报酬递减，因此，一是全要素生产率的提高会提升均衡产品质量，即 $\mathrm{d}Q_i/\mathrm{d}A_i\,|_{K_i^*,L_i^*}>0$；二是资本投入增加会提升产品质量，而资本成本的提高会降低资本需求，进而降低产品质量，即 $\mathrm{d}Q_i/\mathrm{d}r_i\,|_{K_i^*,L_i^*}<0$；三是劳动投入总量的增加会提升产品质量，劳动成本的提高会降低劳动需求进而降低产品质量，即 $\mathrm{d}Q_i/\mathrm{d}w_i\,|_{K_i^*,L_i^*}<0$。

三、国有企业改制

国有企业改制通常伴随着股权结构和公司治理、资本和劳动要素市场的变化。

（一）股权结构和公司治理的变化

股权结构改革改变了经理人的激励效应，比如，通过管理层收购、所有权和经营权的分离，提升了资源配置效率。价格与市场改革意味着企业被推向竞争性市场，政府不再通过价格管制来约束企业的定价行为。行业内不同企业通过价格或质量的竞争来实现最大化利润，同时政府不再通过产能或产量的分配来对企业的利润进行保证，因此企业若要提升产品竞争力，在其他条件不变的情况下，需在给定要素投入的基础上提高组织效率，或者在给定组织效率的基础上增加资本或高技能劳动的投入。这在本书的模型中表示为给定一定的资本和劳动投入，全要素生产率的提高会提升产品质量，以及全要素生产率的提高会加大资本和劳动的需求。

（二）资本和劳动要素市场的变化

资本和劳动要素市场的改革也是改制的重要组成部分。国有企业改制通过两种途径来影响资本要素：一是改制后企业不再面临软预算约束，融资成本会增加；二是政府补贴减少，即改制后企业资本成本 r 的提高或者补贴 τ 的减少。国有企业改制对劳动力配置的影响同样有两种途径：一是虽然企业改制后仍要提供一定的就业岗位，但冗员数量会有所减少，即 μ 会降低；二是为了发挥工人的劳动积极性，企业会根据不同技能的工人发放竞争性的工资，不再实行"平均主义"和"大锅饭"，这意味着 $w_{1s} \neq w_0$。根据委托代理模型可知，高技能或高努力的工人享受信息租金，可以避免高技能或高努力程度的工人选择低技能或低努力程度工人的劳动合同。

由于地方与行业的具体情况不同，不同国有企业的改制程度是不一样的。令某一企业的类型为 $\theta \in \Theta$，其中 θ 表示不同的改制程度，Θ 表示全体企业的空间。θ 越高表示改制越彻底，越低表示其特征越接近于未改制的国有企业。因此在上述只涵盖两类企业（$i = 0, 1$）的模型设定只是 $\theta \in [0, 1]$ 的特例。

定义（国有企业改制）：其他条件不变，国有企业改制提高了 θ。改制导致：一是全要素生产率提高：$A'(\theta) > 0$；二是资金约束增加：$r'(\theta) = -\tau'(\theta) > 0$；三是冗员减少：$\mu'(\theta) < 0$；四是工资差异化：$w_{1s} > w_{1u}$，$w_0 \neq w_{1s}$。

四、改制与产品质量决定

第一，根据引理，全要素生产率对产品质量的影响是直接的。第二，资本成本的提高减少了资本需求，即 $dK_i^* / dr_i < 0$，因此随着资金约束的增加，资本实际利率提高，对资本的需求会降低。第三，工资成本提高，会降低资本需求，即 $dK_i^* / dw_i < 0$。

所以，在给定工资和生产率的前提下，改制导致软预算约束消失，伴随而来的是资金约束增加，导致资本成本上升，从而产品质量下降。而改制可以提高组织效率和生产效率，全要素生产率的提高，一方面可能会抵消一部分资本成本上升而导致的资本需求下降；另一方面劳动力市场的改革导致不同技能工人的工资成本发生变化，从而导致资本和劳动的相对投入和使用效率发生变化。

从劳动市场改革的角度来说，由于初始总就业量和高、低技能工人的数量是外生的，则可以得到国企改制前的工资水平为

$$w_0 = \gamma \left\{ A_0 \left[\alpha / (r - \tau) \right]^{\alpha} \right\}^{1/(1-\alpha)} L_0^{-(1-\nu_0)/(1-\alpha)} + \mu \tag{5.6}$$

首先讨论一种最简化的形式，即改制企业内部仍然实行平均分配，改制企业放弃维持就业的目标，此时产品质量不取决于劳动力技能。放弃维持就业目标意味着 $\mu = 0$，同时企业给所有技能的劳动力支付同样的工资水平 w_1，且 $\beta = \gamma$。工资水平为

$$w_1 = \gamma \left[A_1 (\alpha/r)^{\alpha} \right]^{1/(1-\alpha)} L_1^{-(1-\nu_0)/(1-\alpha)} \tag{5.7}$$

比较式（5.6）和式（5.7）可知，如果企业改制后仅仅是裁减冗员，则会导致总劳动投入减少、劳动的边际成本提高和产品质量下降。冗员失业数量取决于 μ 的大小，μ 越大意味着改制前维持就业的社会目标比经济目标越重要，则改制后，之前的冗员更容易失业，即 $L_1^* < L_0^*$，$w_1 > \overline{w} - \mu$。

如果仅裁减冗员，而不进行工资改革，则高技能工人仍然无法发挥其作用，产品质量很难提升。因此考虑第二步，在裁减冗员后，对不同技能的工人实施差异化激励工资。厂商会根据工人技能的边际生产力水平和竞争性的工资水平来决定雇佣高、低技能工人的比率。为了抵消劳动投入以及所带来的资本投入降低所导致的消极影响，改制企业必须在可以承受市场对高技能工人给出的竞争性工资的基础上，提高高技能工人的比率。否则，高技能工人会因工资差异导致无法发挥其贡献，从而导致产品质量下降。

因此，在其他条件不变的情况下，劳动市场的改革，如果不发挥技能作用，则会降低产品质量。如果劳动市场和工资同时配套改革，则高技能工人比率越高，产品质量越高。

总体来说，结合全要素生产率、资本和劳动改革的综合效应，需要实证检验哪些效应更强。例如，由于资本和劳动的互补性，劳动投入的减少可能会伴随着资本需求的下降。而高技能工人的增加，却可以在减少总劳动投入的基础上，增加人均资本，并提升产品质量。这样，产品质量 $Q(A(\theta)$，$K(A$，$r(\theta)$，$w(\theta))$，$L(A$，$r(\theta)$，$w(\theta)))$ 可以分解为

$$\frac{\partial Q}{\partial \theta} = \frac{\partial Q}{\partial A}A'(\theta) + \frac{\partial Q}{\partial K}\left(\frac{\partial K}{\partial A}A'(\theta) + \frac{\partial K}{\partial r}r'(\theta) + \frac{\partial K}{\partial w}w'(\theta)\right) +$$

$$\frac{\partial Q}{\partial L}\left(\frac{\partial L}{\partial A}A'(\theta) + \frac{\partial L}{\partial r}r'(\theta) + \frac{\partial L}{\partial w}w'(\theta)\right) \tag{5.8}$$

式（5.8）右侧第一项表示全要素生产率的提高对产品质量的直接促进作用。改制后的企业由于面临投入要素的相对价格发生了变化，进而影响了资本（第二项）和劳动（第三项）的配置，从而对产品质量分别产生了不同的影响。例如，在第二项资本需求对产品质量的影响中，如果资金约束较高或者劳动力成本过高，均会降低资本投入和密集度，反之则会增加资本投入并提高质量；同理对于劳动需求而言（第三项），高技能工人的增加会提升产品质量，但取决于改制企业所面临的不同劳动力的相对成本。如果竞争性市场给高技能工人的工资较低，则高技能工人的贡献会抵消劳动投入和资本需求的下降，从而提升资本密集度和产品质量。因此改制企业产品质量的变化，取决于全要素生产率、资金约束以及工资激励机制的变动中哪种效应更强。

根据理论模型，我们提出如下可能的影响机制（见图 5-1）：如果全要素生产率会提升出口产品质量，则通过改制提高全要素生产率进而提升产品质量；如

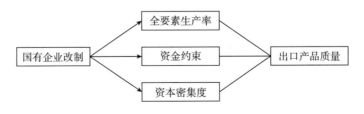

图 5-1 影响机制

果资金约束越小出口产品质量越高，则改制后导致企业资金约束变紧进而降低了出口产品质量；如果资本密集度越高产品质量越高，则改制企业会因劳动力和资本的高成本而减少资本密集度，从而降低质量。

第三节　研究设计

一、数据来源与处理

本章的数据主要来源于两个方面：一是企业层面的生产数据，来源于国家统计局 2000～2007 年的中国工业企业数据库；二是相应年份产品层面的中国海关出口数据，来源于中国海关数据库。对于中国工业企业数据库进行了如下处理：一是根据企业名称、注册代码等重新构建了面板数据；二是调整行政区划代码，我国的行政区划进行了多次调整，将行政代码重新调整为 2002 年的行政区划代码；三是部分企业提供的信息存在遗漏和错误，删除了企业员工少于 10 人，总资产、净固定资产、销售额、工业总产值缺失，流动资产大于总资产，总固定资产大于总资产的样本，四是对主要变量进行了价格指数平减。数据库处理完成后，分别通过两个数据库中企业名称和年份、企业的邮政编码和电话号码的后 7 位数字这 2 种方法进行匹配。

二、计量模型

作为政策评估的常见研究方法，双重差分法目前已经在国内外得到了广泛的应用。其原理在于构造有政策处理的处理组和没有政策处理的对照组，通过控制其他因素，对比政策发生前后处理组和对照组之间的差异，从而解释政策效果。

然而在某些情形下，研究对象被"处理"的时间存在先后差异，是逐渐进行的，这就构成了一种渐进性的双重差分模型①。

使用双重差分法进行国有企业改制评估的一些研究将外资企业设为国有企业的对照组，虽然外资企业不受国有企业改制的影响，但外资企业和国有企业的所有制属性截然不同，外资企业所享有的税收、土地等方面的政策优惠，也极易导致两者之间存在根本性的差异，很难认为国有企业和外资企业属于统计意义上的同质性个体。为此，借鉴 Bai 等（2009）的做法，将进行改制的国有企业作为处理组，没有进行改制的国有企业作为对照组。遵循 Bertrand 等（2004）、Angrist 和 Pischke（2008）等关于双重差分的经典做法以及 Fan 等（2015）关于产品质量决定方程的设定，建立如下计量模型：

$$quality_{fihct} = \alpha + \beta \cdot D_{ft} + \delta \cdot X_{ft-1} + \varphi \cdot Z_{it} + \gamma_f + \lambda_t + \eta_{hc} + \varepsilon_{fihct} \qquad (5.9)$$

其中，f 表示企业，i 表示国民经济行业分类（Chinese Industrial Classification，CIC）2 位码行业，h 表示 HS 6 位码产品，c 表示出口目的国，t 表示年份。$quality$ 表示出口产品质量，D 用来反映企业 f 在年份 t 是否发生了改制：某企业在改制当年和此后各年取值为 1，否则为 0，如此就自动产生了处理组和对照组，以及处理前和处理后的双重差异，系数 β 就反映了国有企业改制对出口产品质量的真实影响。根据 Stock 和 Watson（2011），控制变量不能受处理变量的影响，加入滞后一期的企业层面变量 X②；对系数 β 无偏估计的一个关键要求是在改制前处理组和对照组具有相同的时间趋势，然而国有企业改制也很难说是随机发生的，突出的表现就是存在明显的行业分布。1999 年 9 月，党的十五届四中全会通过的《中共中央关于国有企业改革和发展若干重大问题的决定》指出，

---

① 周黎安和陈烨（2005）关于农村税费改革的影响、Kudamatsu（2012）关于民主化对婴儿死亡率的影响、Wang（2013）关于分批设立特殊经济区对地区经济的影响、Almond 等（2017）关于中国农村家庭土地承包责任制在不同县域的渐进推广对人口性别比的影响、郭峰和熊瑞祥（2017）关于设立城市商业银行对经济增长的影响以及许和连和王海成（2018）关于出口退（免）税审批权下放试点对企业出口绩效的影响研究都利用了渐进性双重差分法的方法和思想。

② 对于 X 包括的变量，详见后文。

从战略上调整国有经济布局，要同产业结构的优化升级和所有制结构的调整完善结合起来，坚持有进有退，有所为有所不为，提高国有经济的控制力；党的十五届四中全会明确指出，国有经济需要控制的行业和领域主要包括涉及国家安全的行业、自然垄断行业、重要公共产品和服务的行业以及支柱产业和高新技术产业中的重要骨干企业。因此，借鉴 Gentzkow（2006）、Chen 等（2018）的做法，在方程中加入控制行业层面的控制变量 Z，以尽可能地减少由于国有经济布局调整的行业层面而引起的国有企业改制的非随机性。γ_f 为企业固定效应，λ_t 为年份固定效应，η_{hc} 为产品—目的地国固定效应，ε_{ihct} 为随机误差项。为了消除可能的异方差和自相关问题，所有回归在企业层面聚类。

三、变量选取

（一）被解释变量

本章借鉴 Khandelwal 等（2013）、Fan 等（2015）的做法（简称为 KSW 法），通过式（5.10）计算产品企业 f 在年份 t 销往目的地国 c 的产品 h 的产品质量：

$$x_{fhct} = q_{fhct}^{\sigma-1} p_{fhct}^{-\sigma} P_{ct}^{\sigma-1} Y_{ct} \tag{5.10}$$

其中，x_{fhct}、q_{fhct} 分别表示在 HS 6 位码上，在年份 t 目的地国 c 对企业 f 进口的产品 h 的数量与质量，P_{ct} 表示加总价格指数，Y_{ct} 表示国家总收入，σ 表示不同产品之间的替代弹性。对式（5.10）两边取对数获得实证需求方程，得出的残差即为产品质量：

$$\ln(x_{fhct}) + \sigma\ln(p_{fhct}) = \varphi_h + \varphi_{ct} + \varepsilon_{fhct} \tag{5.11}$$

其中，产品固定效应（φ_h）可以控制不同种类产品之间价格和数量的差异；国家年份固定效应（φ_{ct}）可以控制目的地国的价格指数（P_{ct}）和总收入（φ_{ct}）。进一步得出产品质量：

$$\hat{q}_{fhct} = \varepsilon_{fhct}/(\sigma-1) \tag{5.12}$$

对于 σ，使用 Broda 和 Weinstein（2006）的取值[①]。

（二）主要解释变量

从理论上来看，具有实质性意义的变革通常是那些发生产权变化的改革，只有这样的改革才能从本质上改变企业性质，从而影响企业的效率和长远发展（刘小玄和李利英，2005），因此将改制的含义主要局限在产权变革的范围内。对于 D 的构建，需要确定哪些企业是国有企业，其中一种常见的做法是根据企业登记注册类型进行分类，在该分类方法下，注册为国有企业类型的常被视为国有企业，然而这种识别方法至少存在两方面的问题：第一，如果企业至少 1/3 的股权为外资所有，那么可以注册为外资企业，但企业的实际控股可能为国有资本，如上海通用汽车有限公司由上海汽车集团股份有限公司、通用汽车公司共同出资组建而成，其注册类型为外资企业；第二，一些国有企业特别是在 1998 年之后将登记注册类型改为有限责任公司或股份有限公司，但实际上仍然由国有控股公司控制。因此，根据企业登记注册类型来区分是否为国有企业，很有可能导致对国有企业数量的低估。

本章借鉴 Hsieh 和 Song（2015）的做法，对国有企业的识别过程分为两步：第一，我国的统计制度把企业资本金总额划分为国家资本金、集体资本金、法人资本金、个人资本金、港澳台资本金和外商资本金，法人资本金可能来源于其他企业或控股公司，但中国工业企业数据库没有提供法人资本金更为详细的来源。另外，中国工业企业数据库提供了企业的控股类型，包括国有控股、集体控股、私人控股、港澳台商控股、外商投资和其他。结合以上两个方面的信息，将企业实收资本中国有资本份额大于 50% 的企业和控股类型为国有企业的企业定义为国有企业。第二，对 2000 年增加值水平处于前 1% 的企业，通过手工查询企业网

[①]　既有研究对 σ 的取值有不同的估计方法，如 Anderson 和 van Wincoop（2004）对基于引力模型的 Armington 替代弹性的综述性研究发现，σ 的区间为 5～10，Waugh（2010）基于不同收入水平国家的样本，得出了类似的估计结果。Fan 等（2015）发现，σ 无论是使用较大值还是较小值，产品质量的测算结果差异都不大。

站以核实其所有制类型发现,相当比例根据第一个步骤定义的民营企业实际上是国资委直接或间接控制的企业,我们将这些企业同样定义为国有企业。在此基础上,本章所考察的国有企业改制主要是国有转为非国有企业的情况,即在之前各期均为国有企业,在转制当年转为非国有企业。如果满足上述条件,则为改制企业。

借鉴 Bai 等(2009)的做法,2000~2007 年,保留 2000 年为国有企业且至少出现 3 次的企业样本。第 1 次出现时所有制类型为国有企业的有 43880 家,至少连续出现 3 次的企业为 16202 家,其中发生改制的企业数量为 12232 家,改制企业占第 1 次出现时所有制类型为国有企业的 27.88%。图 5-2 给出了 2001~2007 年国有企业改制的数量分布。可以看出改制数量呈现明显的年度变化,并呈下降趋势,且在 2002 年达到高峰,为 1982 家,而在 2004 年出现明显下降,开始进入平缓期,这一测算结果与国有企业改制的现实情况非常吻合。

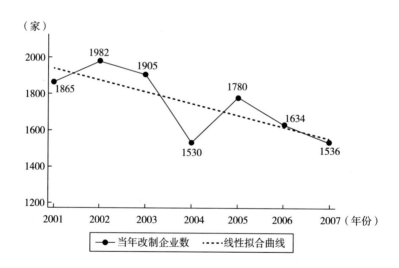

图 5-2 2001~2007 年国有企业改制数量

我们认为,出现这一趋势主要原因有以下四个方面:第一,在 2002 年前后,国有企业在改制过程中多次发生暗箱操作、攫取国有资产、损害职工利益和债权人利益的事件，社会上要求规范改制的呼声日益强烈。2003 年各级国资委先后成立，出台了一系列规范国有企业改制的政策①，这被理解为收紧国有企业改制进程的信号。在实践中，这些政策使得过去客观存在的弹性空间消失，当事人觉得改制操作程序复杂，不确定性和风险很大，所以不太愿意参与国有企业改制②。第二，2003 年以后，小型国有企业改制基本完成，开始向大型国有企业推进。小型国有企业甚至中型国有企业改制可以采取完全非国有化的方法进行产权置换，但对于大型国有企业而言，这种方法不但具有意识形态方面的障碍，也存在技术方面的难度。第三，2003 年之后，国有企业的经济效益迅速好转，各级政府为了减轻财政负担进行国有企业改制的激励减弱。第四，在 2004 年，郎咸平公开指责格林柯尔公司董事长顾雏军在收购国有企业的过程中侵吞国有资产，并抨击海尔集团管理层实行曲线收购的举动，将社会舆论对国有企业改制和国有资产流失问题的关注推向了高潮。该事件之后，各方对国有企业改制的态度变得十分慎重。

图 5-3 给出了 CIC2 位码行业国有企业改制的比例，可以看出行业间存在的明显差异。电气机械及器材制造业、医药制造业，纺织服装、鞋、帽制造业是改制比例最高的 3 个行业，分别为 46.27%、37.39% 和 37.21%；印刷业和记录媒介的复制业、烟草制品业、废弃资源和废旧材料回收加工业是改制比例最低的 3 个行业，分别为 17.18%、15.09% 和 11.78%。

---

① 2003 年底，国务院办公厅转发了国资委《关于进一步规范国有企业改制工作的实施意见》，2004 年初，国务院国资委和财政部联合颁发了《企业国有产权转让管理暂行办法》。这两个文件要求国有企业改制要规范操作，国有产权转让必须要在产权交易场所内公开进行，以防止自买自卖和国有资产流失。文件颁发后，各地根据自己的实际情况制定了实施细则。国务院国资委还组织了对全国各地规范改制情况和产权交易情况的调查，国有企业改制的规范程度有很大提高，国有资产流失现象得到了一定程度的遏制。

② 特别是对内部人参与国有企业改制设定了许多严格的约束性条件，使得管理层收购和职工持股都变得很不方便，大大阻碍了内部人参与国有企业改制的热情。当内部人对改制失去热情时，外部投资者，如民营企业参与国有企业改制时就会受到某些阻挠。

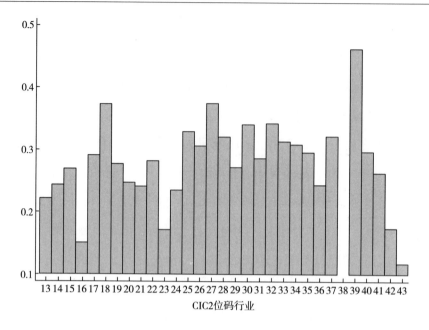

图 5-3　CIC2 位码行业国有企业改制的比例

（三）控制变量

滞后一期的企业变量包括企业存续年限（*age*），用当年年份与企业成立年份之差的自然对数来衡量；全要素生产率（*tfp*），使用 LP 方法进行估算；人均工资水平（ln*wage*），用取自然对数的企业年平均工资来衡量；资本密集度（ln*cap*），使用取自然对数的固定资产合计与员工人数之比来衡量；企业规模（*size*），使用取自然对数的企业年平均就业人数来衡量；资金约束（*finance*），用企业流动性衡量，企业流动性＝（企业流动资产－企业流动负债）/企业总资产。行业层面的控制变量包括行业进入障碍（*entrybarrier*），借鉴 Lu 和 Yu（2015），使用 CIC2 位码行业企业的年平均固定资产进行衡量；行业集聚程度（*agglomeration*），使用 Ellison – Glaeser 指数进行衡量①；市场竞争程度（*hhi*），采用赫芬达尔—赫希

---

① 具体测算方法参见 Ellison 和 Glaeser（1997）。

曼指数作为测量指标，具体由某个特定市场上所有企业的市场份额的平方和来表示：$hhi = \sum_{i=1}^{N}(x_i/X)^2$。其中，$N$ 表示 CIC2 位码行业内的企业数量，x_i 表示第 i 个企业的销售收入，X 表示市场总销售收入。外资份额（$foreginshare$），使用 2 位码行业外资占实收资本之比进行衡量。

表 5 - 1 给出了变量的描述性统计。

表 5 - 1　变量的描述性统计

变量	含义	均值	标准差	最小值	最大值
$quality$	出口产品质量	0. 147	1. 465	- 4. 966	3. 748
L. age	存续年限	2. 966	0. 866	0	4. 060
L. tfp	全要素生产率	3. 853	0. 480	2. 038	7. 251
L. $lnwage$	人均工资水平	2. 753	0. 648	- 1. 213	4. 899
L. $lncap$	资本密集度	4. 665	0. 997	- 0. 632	8. 767
L. $size$	企业规模	7. 187	1. 119	2. 485	10. 434
L. $finance$	资金约束	- 0. 028	0. 817	- 4. 956	2. 974
$entrybarrier$	行业进入障碍	8. 988	0. 838	7. 639	10. 612
$agglomeration$	行业集聚程度	0. 015	0. 036	0. 000	0. 718
hhi	市场竞争程度	0. 028	0. 024	0. 003	0. 278
$foreginshare$	行业外资份额	0. 309	0. 115	0. 001	0. 705

第四节　实证检验

一、基本回归

表 5 - 2 给出了基于全样本的回归结果，各列均控制了年份、企业和产品一

目的地国的固定效应。列（1）中没有添加任何控制变量，D 的回归系数在 1%
的水平下显著为正；列（2）中则加入了企业层面滞后一期的控制变量，D 的回
归系数略微变小；列（3）中进一步控制了行业层面的变量，D 的回归系数在
1% 的水平下显著为正。从列（3）可以看出，相比没有改制的国有企业，改制
后的国有企业出口产品质量有了明显提升，提升幅度约为 10.4%。

表 5 – 2　基本回归

解释变量	（1）	（2）	（3）
D	0.073 ***	0.064 **	0.104 ***
	(0.027)	(0.028)	(0.028)
L. age		− 0.021	− 0.013
		(0.019)	(0.019)
L. tfp		0.092 ***	0.079 **
		(0.034)	(0.035)
L. lnwage		− 0.012	− 0.009
		(0.024)	(0.024)
L. lncap		0.065 ***	0.058 ***
		(0.020)	(0.021)
L. size		0.100 ***	0.101 ***
		(0.028)	(0.028)
L. finance		0.024 **	0.026 **
		(0.012)	(0.012)
entrybarrier			− 0.108 ***
			(0.027)
agglomeration			0.611
			(0.459)
hhi			− 1.195
			(0.809)
foreginshare			− 1.074 ***
			(0.245)
年份固定效应	yes	yes	yes

续表

解释变量	（1）	（2）	（3）
企业固定效应	yes	yes	yes
产品—目的地国固定效应	yes	yes	yes
N	63392	63392	63392
R^2	0.381	0.382	0.382

注：①"＊＊＊""＊＊""＊"分别表示在1%、5%、10%的水平下显著，括号内为企业层面聚类的标准误。②无特别说明，本章下表同。

二、平行趋势检验

判断双重差分法是否有效的一个前提条件是，如果不存在改制的冲击，处理组和对照组企业出口产品质量的变化趋势应该是平行的。令人担心的是，中国对改制对象的选择行为导致处理组和对照组在改制前在产品质量上就存在不同的变化趋势。王红领等（2001）使用1980~1999年的调查数据发现，政府想消除因补贴运营糟糕的国有企业而造成的财政负担的动机非常明显，倾向于将运营糟糕的国有企业民营化；刘小玄和刘芍佳（2005）基于国务院发展研究中心企业研究所2004年获得的2696家国有企业改制与重组的调查数据发现，国有企业改制是政府按照部门利益最大化进行选择的结果，地方政府会选择绩效较好的企业由自己来控股，而将绩效差的企业进行改制。如果进行改制的主要是绩效差的企业，那么改制对产品质量的促进作用则可能会被低估。胡一帆等（2006）根据世界银行对中国5个城市、6个行业的近300家国有企业1996~2001年的调查数据发现，政府首先选择盈利能力和生产效率较高而规模较小的公司实施改制。如果绩效好的企业被改制，那么改制对产品质量的促进作用则可能会被高估。

平行趋势检验主要有两种方法：第一种是通过画出处理组与对照组之间的对比图来说明政策冲击前后的变化，这种方法适用于只有一个处理组和对照组的情况，即政策冲击只有一次；第二种则是使用事件研究法（Event Study），通过加入处理组和年份虚拟变量的交叉项进行计量检验，适用于具有多个处理组和对照组的情况，即多次发生政策冲击。由于本章不存在自始至终完全一致的处理组和对照组，因此很难通过第一种方法进行画图比较。此外，基本回归只是捕捉到了国企改制对出口产品质量的平均影响，本书还关心国有企业改制对出口产品质量的影响是否随时间推移呈现不同变化，是否存在滞后期以及这种促进作用是否可以长期持续。因此设定如下形式的计量模型：

$$quality_{ihct} = \alpha + \beta_1 D_{jt}^{-6} + \beta_2 D_{jt}^{-5} + \cdots + \beta_6 D_{jt}^{-1} + \beta_7 D_{jt}^{1} + \cdots + \beta_{12} D_{jt}^{6} + \gamma_i + \lambda_t + \eta_{hc} +$$
$$\varepsilon_{ihct} \tag{5.13}$$

式（5.13）中 $D_{jt}^{\pm s}$ 为一系列虚拟变量，当在企业改制前 s 年时，D_{jt}^{-s} 取值为 1；当处于改制开始后 s 年时，D_{jt}^{+s} 取值为 1；除此之外，$D_{jt}^{\pm s}$ 均取值为 0。在这一检验中，需要关注的是 $D_{jt}^{\pm s}$ 的系数 β。由于本书以改制的当年作为参照组，回归结果中的 β 就表示与此参照组相比，在改制的第 s 年，处理组与对照组企业出口产品质量变化趋势有无显著差异。

为了让估计结果更加直观，图 5-4 中画出了 $D_{jt}^{\pm s}$ 的系数走势。图中的横轴表示距离改制前后的年份，纵轴是估计值的大小，可以看出，当 $s = -6$，…，-1 时，D 的回归系数不显著，也就是说在改制前，处理组与对照组的出口产品质量变化趋势并无显著差异。因此不能拒绝平行趋势假设成立的可能。这也在相当程度上说明在本章的样本期间（2000~2007 年）内，出口产品质量并不是决定国有企业是否被改制的关键因素。当 $s = 1$ 时，D 的系数虽然为正，但在 10% 的水平下并不显著；当 $s = 2$，…，5 时，D 的系数逐渐变大，并都在 10% 的水平下显著为正，但当 $s = 6$ 时，D 的系数变小，并且在 10% 的水平下不再显著，这意味着国有企业改制对产品质量的影响存在 1 年左右的滞后期，促进作用是先增加后减少，呈现倒"U"形。

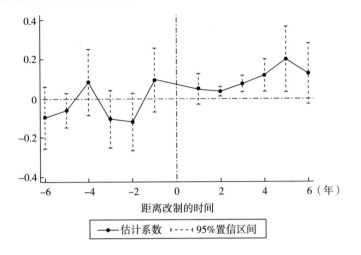

图 5-4 平行趋势检验

三、其他稳健性检验

接下来，我们将从其他方面对基本回归进行稳健性检验，主要包括控制贸易自由化带来的影响、改变估计方法、改变出口产品质量的衡量方法、考虑样本选择问题和改变聚类方法五个方面。

（一）控制贸易自由化带来的影响

本章所使用的样本区间为 2000～2007 年，期间的一个重要事件是中国在 2001 年 12 月 11 日正式加入 WTO，中国进入了新一轮快速的贸易自由化阶段。既有研究发现，贸易自由化带来的进口关税的大幅下降，使得内资企业面临更为激烈的竞争，并且可以进口高质量的中间投入品，进而可提高本国企业的出口产品质量（Amiti and Khandelwal，2013；Fan et al.，2015）。Li 等（2000）的研究表明，激烈的产品市场竞争会降低企业的利润，促使政府加快国有企业改制的进程，因此基本回归得出的结果很有可能受到贸易自由化带来的影响。首先，我们借鉴 Cadot 等（2015）的做法，控制了 CIC2 位码行业—年份固定效应，以消除

CIC2 位码行业层面随时间推移而变化的受贸易自由化所带来的进口冲击[1]，表 5 -3 列（1）给出了估计结果。其次，遵循 Brandt 等（2017）的做法，构造了 CIC4 位码行业层面的中间品关税（*input_ tariff*）和最终品关税（*output_ tariff*）[2]，用于衡量进口冲击，表 5 - 3 列（2）给出了估计结果。最后，我们借鉴 Yu（2015）的做法，测算了企业层面的中间品关税和最终品关税，这一指标的优点在于充分考虑了同一行业内部的不同企业往往面临不同水平的关税率，而行业层面的关税指标则可能会掩盖这种异质性，表 5 - 3 列（3）给出了估计结果。可以发现，在控制了贸易自由化带来的影响后，D 的估计系数在 1% 的水平下仍然显著为正。

表 5 -3　稳健性检验：控制贸易自由化带来的影响

解释变量	（1）	（2）	（3）
D	0.097 ***	0.131 ***	0.132 ***
	(0.036)	(0.036)	(0.036)
input_ tarrif		0.013 *	0.009 ***
		(0.007)	(0.003)
output_ tarrif		- 0.010 *	- 0.010 *
		(0.006)	(0.006)
L. *lnage*	0.007	0.020	0.019
	(0.023)	(0.024)	(0.024)
L. *tfp*	0.050	0.073 *	0.072 *
	(0.042)	(0.040)	(0.040)
L. *lnwage*	- 0.028	- 0.016	- 0.016
	(0.027)	(0.026)	(0.026)
L. *lncap*	0.033	0.046 **	0.047 **
	(0.025)	(0.023)	(0.023)
L. *size*	0.058 *	0.085 ***	0.085 ***
	(0.033)	(0.032)	(0.032)

① 由于已经控制了 CIC2 位码行业—年份固定效应，因此没有控制 CIC2 位码行业控制变量。
② HS6 位码与 CIC4 位码对应表，可通过邮件向笔者索取。

续表

解释变量	(1)	(2)	(3)
L. *finance*	0.017	0.042 *	0.044 *
	(0.028)	(0.025)	(0.025)
entrybarrier		− 0.143 ***	− 0.144 ***
		(0.046)	(0.046)
agglomeration		0.444	0.435
		(0.606)	(0.606)
hhi		0.012	− 0.133
		(1.081)	(1.076)
foreginshare		− 1.339 ***	− 1.327 ***
		(0.340)	(0.340)
行业—年份固定效应	yes	no	no
年份固定效应	no	yes	yes
企业固定效应	yes	yes	yes
产品—目的地国固定效应	yes	yes	yes
N	63386	55353	55353
R^2	0.386	0.393	0.393

（二）改变估计方法

基本回归选取了没有进行改制的国有企业作为对照组，但国有企业是否改制并非真正意义上的"自然试验"。基于这一考虑，本章使用基于倾向得分匹配的双重差分法再次进行估计，一方面，通过"倾向得分匹配"，可以有效控制处理组和对照组在"可观测特征"上的差别，从而尽量满足"条件独立假设"；另一方面，通过两次差分，可以消除"不随时间推移而改变"、不可观测的个体异质性，以及处理组和对照组个体所经历的平行趋势。我们分别使用 k 近邻匹配、半径匹配和卡尺内最近邻匹配三种匹配方法。

据 Smith 和 Todd（2005），用以配对的变量包括上一期企业存续年限（ln*age*）、全要素生产率（*tfp*）、员工技能水平（ln*wage*）、资本密集度（ln*cap*）、企业规模（*size*）、资金约束（*finance*）、竞争程度（*hhi*）以及 CIC2 位码行业和企业所在年份，在获得倾向得分值（ps）后，遵循 Hirano 等（2003）、Cadot（2015）的做法，将倾向得分作为加权，重新进行双重差分回归。表 5 - 4 报告了回归结果①，可以发现，D 的回归系数在 1% 的水平下显著为正，结论依然稳健。

表 5 - 4　稳健性检验：改变估计办法

解释变量	（1） k 近邻匹配	（2） 半径匹配	（3） 卡尺内匹配
D	0. 090 * (0. 048)	0. 086 ** (0. 034)	0. 165 *** (0. 046)
L. lnage	- 0. 053 * (0. 032)	- 0. 014 (0. 021)	- 0. 039 (0. 034)
L. tfp	0. 121 ** (0. 057)	0. 078 ** (0. 039)	0. 114 * (0. 061)
L. lnwage	0. 009 (0. 033)	- 0. 031 (0. 027)	- 0. 006 (0. 036)
L. lncap	0. 014 (0. 033)	0. 061 *** (0. 022)	0. 095 *** (0. 032)
L. size	0. 121 *** (0. 041)	0. 126 *** (0. 031)	0. 131 *** (0. 048)
L. finance	0. 036 (0. 032)	0. 009 ** (0. 004)	0. 033 *** (0. 007)
entrybarrier	- 0. 027 (0. 041)	- 0. 078 ** (0. 034)	- 0. 089 ** (0. 043)
agglomeration	0. 276 (0. 437)	0. 312 (0. 349)	0. 913 (0. 633)
hhi	1. 723 (1. 499)	- 2. 219 ** (0. 930)	- 1. 426 (1. 433)
foreginshare	- 1. 507 *** (0. 387)	- 1. 250 *** (0. 311)	- 0. 528 (0. 361)

---

① 由于篇幅所限，此处 Probit 检验和协变量检验结果均未报告。

续表

解释变量	(1) k 近邻匹配	(2) 半径匹配	(3) 卡尺内匹配
年份固定效应	yes	yes	yes
企业固定效应	yes	yes	yes
产品—目的地国固定效应	yes	yes	yes
N	63079	63392	63273
R^2	0.419	0.392	0.425

（三）改变出口产品质量的衡量方法

本部分我们主要采取以下做法：第一，使用单位价值量（出口总价值量/出口数量）作为产品质量的代理变量。在关于产品的经典理论模型中，CES 函数设定与垄断竞争意味着每个企业的产品定价等于一个不变的成本加成，质量对边际成本的弹性为正，每个企业的价格都会随着产品质量的提高而提高（Bastos and Silva，2010；Manova and Zhang，2012；Brambilla and Porto，2016），因此，用单位价值量来衡量产品质量仍不失为一个较好的选择，表 5-5 列（1）给出了估计结果。第二，虽然 KSW 方法是目前测度出口产品质量的主流方法，但存在一些缺陷[1]，为此，我们遵循余淼杰和张睿（2017）的做法，重新测算考虑供给面和需求面因素的产品质量，表 5-5 列（2）给出了估计结果。第三，我们使用企业层面的出口质量作为被解释变量。中国工业企业数据库为企业层面的数据，而基本回归中的出口质量为产品层面，虽然这种做法在既有文献中非常普遍[2]，但在没有引入新信息的情况下，如果使用产品层面的质量数据，观测值数量的扩大将使得标准误差变小从而影响估计结果的可靠性（Manova and Zhang，2012）。我们

---

[1] KSW 方法利用出口离岸价代表出口目的地消费者所面对的价格，但实际上消费者所面对的是包含了运输成本、保险费用、关税等贸易成本的出口到岸价，在从量贸易成本广泛存在的情况下，这一做法会导致对价格这一关键变量的测量误差。并且，在实证估计中，KSW 方法利用国家—年份固定效应去除难以观测的宏观价格和收入因素，导致所得的产品质量测算值跨时跨国不可比（余淼杰和张睿，2017）。

[2] 如 Fan 等（2015）、Bas 和 Strauss - Kah（2015）。

表 5 – 5 稳健性检验：改变出口产品质量的衡量方法

解释变量	（1）	（2）	（3）
D	0.586***	0.058**	0.057*
	(0.043)	(0.028)	(0.030)
L. lnage	0.152***	-0.049***	0.004
	(0.026)	(0.018)	(0.017)
L. tfp	0.372***	0.054***	0.053*
	(0.043)	(0.014)	(0.032)
L. lnwage	0.170***	0.037	0.013
	(0.029)	(0.023)	(0.024)
L. lncap	0.194***	0.037*	0.039**
	(0.024)	(0.020)	(0.020)
L. size	-0.053	0.089***	-0.023
	(0.033)	(0.027)	(0.030)
L. finance	0.034***	0.049**	0.007
	(0.012)	(0.023)	(0.022)
entrybarrier	0.096**	-0.064**	-0.064**
	(0.039)	(0.028)	(0.028)
agglomeration	-0.449	0.167	0.395
	(0.447)	(0.436)	(0.343)
hhi	-2.377**	-0.608	2.532***
	(1.029)	(0.798)	(0.502)
foreginshare	0.625**	-0.814***	0.986***
	(0.301)	(0.243)	(0.230)
年份固定效应	yes	yes	yes
企业固定效应	yes	yes	yes
产品—目的地国固定效应	yes	no	no
N	66236	1072	1535
R²	0.716	0.682	0.930

借鉴 Crinò 和 Ogliari（2017）的做法，将企业—年份—产品—目的地国层面的产品质量在企业—年份层面进行了简单平均，从而得出企业层面的出口产品质量，表 5 – 5 列（3）给出了估计结果。可以看出，在改变了出口产品质量的衡量方法

后，基本回归的结论依然成立。

（四）考虑样本选择问题

样本选择问题的本质是非随机样本问题，即违背了高斯—马尔可夫假定中的随机抽样假定。具体来说，是指当观测样本不是研究总体的一个随机抽样的结果时，此时样本分布区间与总体分布区间不一致，则基于该非随机样本对总体的推断存在偏差问题，即有偏和非一致。产生该问题的原因主要有两类，第一类是数据的可行性条件和调查者的抽样决策不当等；第二类是所研究的经济个体有意识地选择或自选择行为。

本章中可能存在的第一类样本偏差问题包括两个方面：第一，为了样本的纯净，基本回归只保留了 2000 年成立的国有企业样本，本部分我们进一步考虑了2000 年之后新成立的国有企业样本。表 5 - 6 列（1）给出了估计结果，结论仍然成立。第二，中国工业企业数据库（2000 ~ 2007 年）的统计对象为全部国有企业和主营业务收入 500 万元及以上的非国有工业企业，不包括主营业务收入500 万元以下的中小非国有企业，这部分企业的缺失可能会使得基本回归的结果产生偏误。然而，我们不可能补齐这部分缺失的样本，可行的解决办法是通过排除全样本中的主营业务收入 500 万元以下的国有企业，近似地考察剔除主营业务收入 500 万元以下非国有企业是否会对估计结果产生影响。表 5 - 6 列（2）回归结果表明数据库的统计缺陷并不会对估计结果产生影响。

第二类样本偏差问题是本章的研究对象不仅包括出口企业，也包括非出口企业，前文基本回归中排除了非出口企业，这就产生了由于样本自选择导致的非随机样本问题。为此，我们使用 Heckman（1979）两步法来解决这一问题。第一步构建选择方程，被解释变量为企业出口倾向，若企业出口额大于 0 即为出口企业，否则为非出口企业；第二步为修正的出口质量模型，在第一步回归得到逆米尔斯比（imr）的基础上建立回归方程，以克服潜在的样本选择偏差。在采用Heckman 自选择模型进行估计时，需要在企业出口决策模型中加入额外的控制变量。该变量需要与企业出口决策密切相关，同时又不影响企业出口产品质量。参考 Li 等（2015）的研究，我们采用企业上一期是否出口的虚拟变量（L. *exp*）作为该控制变量，原因是如果企业上一期存在出口行为，便意味着企业已支出了部分固定成本，无疑会影响到企业当期的出口决策。表 5 - 6 列（3）和列（4）报告了 Heckman 两步法得到的结果。*imr* 的回归系数没有通过显著性检验，接受不存在样本选择性偏差的原假设，说明存在样本选择问题的可能性较小，而 *D* 的回归系数与使用双重差分法得到的结果非常接近，再次验证了结论的稳健性。

表 5 - 6　考虑样本选择性偏差的影响

解释变量	（1）	（2）	（3）	（4）
D	0.037 **	0.143 ***	0.106	0.087 ***
	(0.016)	(0.037)	(0.121)	(0.031)
L. ln*age*	− 0.008	0.047	− 0.183 **	0.008
	(0.009)	(0.030)	(0.074)	(0.020)
L. *tfp*	0.023 ***	0.056	0.137 ***	0.145 ***
	(0.007)	(0.055)	(0.051)	(0.039)
L. ln*wage*	0.191 ***	0.029	0.364 ***	− 0.017
	(0.014)	(0.032)	(0.084)	(0.026)
L. ln*cap*	0.022 ***	0.045	0.070	0.089 ***
	(0.008)	(0.028)	(0.046)	(0.022)
L. *size*	0.041 ***	0.053	0.481 ***	0.070 **
	(0.007)	(0.045)	(0.064)	(0.031)
L. *finance*	0.386 ***	− 0.045	− 0.029	− 0.001
	(0.029)	(0.032)	(0.143)	(0.027)
entrybarrier	− 0.205 ***	− 0.137 ***	− 0.453 ***	− 0.109 ***
	(0.025)	(0.045)	(0.134)	(0.031)
agglomeration	0.382	2.586 *	7.747 **	0.332
	(0.620)	(1.485)	(3.177)	(0.467)
hhi	− 6.605	− 0.652	14.536	− 4.156 ***
	(4.754)	(1.092)	(19.746)	(0.940)

解释变量	（1）	（2）	（3）	（4）
foreginshare	−0.475***	−2.044***	0.178	−1.417***
	(0.140)	(0.682)	(0.571)	(0.276)
L. *exp*			4.838***	
			(0.189)	
imr				0.051
				(0.040)
年份固定效应	yes	yes	yes	yes
企业固定效应	yes	yes	yes	yes
产品—目的地国固定效应	yes	yes	no	yes
N	116036	36486	8671	55796
R^2	0.428	0.419	4000	0.384

（五）改变聚类方法

在基本回归中，我们在企业层面聚类，本部分我们从以下三个层面重新进行聚类：一是在 CIC2 位码行业层面聚类；二是在城市层面聚类；三是使用稳健标准误。表 5−7 给出了估计结果，可以看出，无论使用何种估计方法，D 的估计系数都至少在 10% 的水平下显著。

表 5−7　稳健性检验：改变聚类方法

解释变量	（1） CIC2 位码行业聚类	（2） 城市层面聚类	（3） 稳健标准误
D	0.104**	0.104*	0.083*
	(0.042)	(0.054)	(0.046)
L. *lnage*	−0.013	−0.013	−0.010
	(0.035)	(0.035)	(0.028)
L. *tfp*	0.079	0.079	0.094
	(0.067)	(0.055)	(0.064)
L. *lnwage*	−0.009	−0.009	−0.011
	(0.032)	(0.036)	(0.042)
L. *lncap*	0.058**	0.058	0.063
	(0.025)	(0.038)	(0.053)

解释变量	(1) CIC2 位码行业聚类	(2) 城市层面聚类	(3) 稳健标准误
L. size	0.101 **	0.101 *	0.103 *
	(0.049)	(0.057)	(0.053)
L. finance	0.022 *	0.022 *	0.024 **
	(0.013)	(0.013)	(0.012)
entrybarrier	−0.108 ***	−0.108 *	−0.091 **
	(0.036)	(0.059)	(0.041)
agglomeration	0.611	0.611	0.480
	(0.435)	(0.595)	(0.650)
hhi	−1.195	−1.195	−1.021
	(1.519)	(1.808)	(1.493)
foreginshare	−1.074 *	−1.074 **	−0.948 **
	(0.546)	(0.506)	(0.393)
年份固定效应	yes	yes	yes
企业固定效应	yes	yes	yes
产品—目的地国固定效应	yes	yes	yes
N	63392	63392	63392
R^2	0.382	0.382	0.385

综上，多个方面的检验表明本章基本回归得出的结论是稳健的。

第五节　进一步检验

一、国有企业改制、国有股权比例与出口产品质量

前文中主要关注的是国有企业是否改制的问题，而没有关注改制后企业的产

权结构。现实中，国有企业改制并非完全的非国有化，国家在一些改制后的企业中仍然持有股份。这样做的原因在于，一方面可以减少政治风险，中央政府更多地是提倡混合所有制，对于民营化则没有非常直接和明确的态度；另一方面有助于政府克服信息不对称和权力转移而导致的无法有效监护问题，同时在大型营利企业中保留国有股份也有利于政府分享改制企业效率提高所带来的红利（张文魁和袁东明，2008）[1]。本书推测，改制后国有股权比例与企业出口产品质量的关系是非线性的，一方面，改制后的企业中国有股权占比越低，其政策性负担越轻，政府对企业人事安排、经营和投资决策的干预和管制便越少，委托代理成本越低，驱使企业的经营目标开始更多地偏向利润最大化（徐明东和田素华，2013），并追求产品质量的提升；另一方面，国有股权比例越低，其政治关联就越少。由于法律体系并不健全，企业在一定程度上缺乏产权保护，政治关联有助于企业获得政府的产权保护，免遭"政府之手"的盘剥（Allen et al.，2005）。此外，政治关联更易于企业获取诸如银行贷款、税收减免、直接补贴、进入管制行业等政府支持（Brandt and Li，2003；Feng et al.，2015），政治关联的减少可能不利于出口产品质量的提高。因此，建立包含国企改制与国有股权比例的交叉项 $D \times share$ 以及国企改制与国有企业股权比例平方项的交叉项 $D \times share^2$ 的计量方程，如下：

$$quality_{fihct} = \alpha + \beta_1 D \times share_{ft} + \beta_2 D \times share_{ft}^2 + \delta X_{ft-1} + \varphi Z_{it} + \gamma_i + \lambda_t + \eta_{hc} + \varepsilon_{fihct}$$

(5.14)

表5-8给出了估计结果，$D \times share$ 的估计系数显著为正，而 $D \times share^2$ 的估计系数显著为负，这意味着国企改制后，随着国有股权比例的上升，出口产品质量会得到提升，而到达一定程度后出口产品质量则会出现下降。即国有企业改制后，国有股权比例与企业出口产品质量之间呈现"倒U形"的关系，转折点约

---

① 研究发现，国有股权比例对改制后的企业绩效有着显著影响（徐明东和田素华，2013）。

为 29%①。

表 5 – 8　国企改制、国企股权比例与出口产品质量

解释变量	(1)	(2)
$D \times share$	0.154 **	0.220 ***
	(0.078)	(0.080)
$D \times share^2$	-0.268 *	-0.369 **
	(0.153)	(0.157)
L. age	-0.018	-0.011
	(0.019)	(0.019)
L. tfp	0.106 ***	0.095 ***
	(0.035)	(0.036)
L. lnwage	-0.012	-0.011
	(0.024)	(0.024)
L. lncap	0.070 ***	0.063 ***
	(0.021)	(0.021)
L. size	0.103 ***	0.103 ***
	(0.028)	(0.028)
L. finance	0.016 ***	0.016 **
	(0.007)	(0.008)
entrybarrier		-0.094 ***
		(0.028)
agglomeration		0.425
		(0.465)
hhi		-0.972
		(0.819)
foreginshare		-0.936 ***
		(0.247)

①　前文中，我们已经证明产品质量并不是决定国有企业是否被改制的重要因素，由于国有企业是否改制在前，改制后国有股权比例变化在后，可以说"改制后国有股权比例""是否改制"的衍生问题。因此，本部分改制后的国有股权比例受出口产品质量的影响而导致存在内生性问题的可能性不大。下文关于改制后的企业类型（分为外资企业和民营企业）的考察也存在类似的问题，在此不再赘述。

续表

解释变量	(1)	(2)
年份固定效应	yes	yes
企业固定效应	yes	yes
产品—目的国固定效应	yes	yes
N	63392	63392
R^2	0.385	0.385
最优点	0.287	0.298

二、异质性检验

（一）改制后的企业类型

既有研究发现不同所有制类型企业的出口产品质量有着截然不同的表现。为了考察国企改制后企业所有制类型差异对出口产品质量的异质性影响，我们在式（5.9）的基础上加入了国有企业改制与民营企业的交叉项 $D \times private$，表 5 - 9 列（1）给出了估计结果，$D \times private$ 的估计系数在 1% 的水平下显著为正，这意味着改制为民营企业的出口产品质量显著高于改制为外资企业的出口产品质量。

相对于民营企业，外资企业尤其是知名的跨国公司在经济实力、管理能力、技术水平、市场声誉等方面都具有明显优势，引入外资企业参与国有企业改制，似乎应有更高的产品质量。对于得出相反的实证结果，可能的解释如下：第一，外资参与改制的国有企业在改制前就已经具备较强的实力，这些企业大都规模较大，在行业中具有龙头地位，产品质量较高，因此改制对产品质量的边际贡献并不大。例如，2005 年世界钢铁大王米塔尔出资 3.14 亿美元收购湖南省华菱管线公司 37.17% 的国有股份，华菱管线公司是华菱集团所属的核心企业，而华菱集团是湖南省第一家销售收入超过 200 亿元的大型国有企业，2004 年公司产钢 713 万吨，当时是国内第八大钢铁公司，全国第三大钢铁出口厂家。第二，参与国有企业改制的外资企业数量有限，外资并购并非国有企业改制的主流方式。无论是官方还是社会舆论都对外资并购国有企业持有非常谨慎的态度，担心外资并购国有企业会导致国有资产流失，威胁国家产业安全①。调查显示，截至 2004 年底，仅有 1.4% 的改制企业的第一大股东是外资企业（张文魁和袁东明，2008），根据本章的测算，在 2000~2007 年中国工业企业数据中改制为外资企业的比例不到 5%。

（二）行业产品差异化程度

现代制造业相比传统制造业的一个显著特点是生产工序的碎片化，这种生产模式高度依赖资本与劳动、中间商与最终商之间的密切合作，这使得生产者的许多投资表现出关系专用性的特点。契约不完全理论认为，有限理性或信息不对称使得这些投资无法完全写入契约或向第三方证实，这使得投资方在事后的再谈判中很可能面临"套牢"或"敲竹杠"的风险，最终导致企业投资不足，生产成本上升。处于转轨阶段的中国，契约实施制度并不完善，契约实施得不到有效保证，并且非国有企业的实施环境明显差于国有企业（Che and Qian，1998），国企改制后，企业的契约实施环境发生改变，国有企业改制对企业出口产品质量的促进作用可能会因产品的契约敏感度产生差异。

根据 Rauch（1999）② 的产品差异化指数对出口产品的契约敏感度进行分类，原因在于同质性产品所在市场竞争较为充分，需求者数量众多，买方在合约签订之后"敲竹杠"的机会较小。如果买方想要重新议价，卖方可以轻易地拒绝并将产品转卖给其他需求者。差异化产品所在市场则垄断力量较强，需求者数量有限。卖方生产此类产品要投入大量关系专用型资本。如果买方违约，卖方则很难再找到其他买方。这意味着，前一种产品对契约是不敏感的，后一种产品对契约

---

① 2006 年 8 月，商务部、国务院国有资产监督管理委员会等六部委联合发布了《关于外国投资者并购境内企业的规定》。该规定在原暂行规定的基础上做了大量修改和补充，不仅进一步明确了外资企业收购的市场准入及审批程序、允许外资利用境外股权方式收购境内企业，同时还突出了对外资收购有可能影响国家经济安全或行业垄断的规定。

② Rauch 在 2005 年对该指数进行了修正，本书所使用的是修正后的差异化指数。

是敏感的（Nunn，2007）。具体来说，用虚拟变量 $diff$ 来表示行业的产品差异化程度。根据 Rauch（1999），当产品能够在交易所交易或者拥有指导价格时称其为同质性产品，$diff$ 变量取值为 0，否则为异质性产品，取值为 1。为此，在式（5.9）的基础上加入了国有企业改制（D）与产品差异化程度（$diff$）的交叉项 $D \times diff$。表 5 - 9 列（2）中使用保守估计作为产品差异化程度的代理变量，可以发现 D 的系数仍然显著为正，而国有企业改制与产品差异化程度的交叉项系数则显著为负，这意味着国企改制对同质性产品的出口质量有明显的促进作用。表 5 - 9 列（3）中使用宽松估计作为产品差异化程度的代理变量，作为列（2）回归的稳健性检验，回归结果与列（2）基本相同。

表 5 - 9　异质性检验

解释变量	（1）	（2）	（3）	（4）
D	0.105 **	0.157 ***	0.149 ***	0.117 ***
	(0.046)	(0.041)	(0.039)	(0.030)
$D \times private$	0.034 ***			
	(0.009)			
$D \times diff$		- 0.085 *	- 0.077 *	
		(0.046)	(0.045)	
$D \times hhi$				- 0.616 ***
				(0.171)
L. age	- 0.013	- 0.014	- 0.014	- 0.012
	(0.019)	(0.019)	(0.019)	(0.019)
L. tfp	0.079 **	0.077 **	0.078 **	0.075 **
	(0.035)	(0.035)	(0.035)	(0.035)
L. $lnwage$	- 0.009	- 0.011	- 0.011	- 0.010
	(0.024)	(0.024)	(0.024)	(0.024)
L. $lncap$	0.058 ***	0.058 ***	0.059 ***	0.054 **
	(0.021)	(0.021)	(0.021)	(0.021)
L. $size$	0.101 ***	0.099 ***	0.099 ***	0.099 ***
	(0.028)	(0.028)	(0.028)	(0.028)

解释变量	（1）	（2）	（3）	（4）
L. finance	0.022*	0.021*	0.021*	0.023**
	(0.012)	(0.012)	(0.011)	(0.010)
entrybarrier	−0.108***	−0.102***	−0.104***	−0.112***
	(0.027)	(0.027)	(0.027)	(0.027)
agglomeration	0.611	0.599	0.609	1.081*
	(0.459)	(0.459)	(0.459)	(0.583)
hhi	−1.194	−1.223	−1.193	−1.221
	(0.810)	(0.809)	(0.809)	(0.810)
foreginshare	−1.075***	−1.009***	−1.020***	−1.056***
	(0.247)	(0.247)	(0.247)	(0.245)
年份固定效应	yes	yes	yes	yes
企业固定效应	yes	yes	yes	yes
产品—目的地国固定效应	yes	yes	yes	yes
N	63392	63392	63392	63392
R^2	0.382	0.382	0.382	0.382

（三）行业竞争程度

已有研究发现，激烈的市场竞争会促使企业增加研发投入，以提高自身产品与（国外）竞争对手的差异程度，从而促进企业出口产品质量的提升（Bastos and Straume，2012；Amiti and Khandelwal，2013）。在竞争程度较高的行业，改制后的企业面临着更为激烈的市场竞争，为了追求利润最大化，企业改进产品质量的激励和压力更大；而对于垄断程度较高的行业，改制后的企业面临市场竞争程度较低，并且仍然可以利用其垄断优势获得垄断利润，因此其改进产品质量的激励和压力较小。

为此，在式（5.9）的基础上加入了国有企业改制（D）与市场竞争程度（hhi）的交叉项 $D \times hhi$。表 5−9 列（4）给出了估计结果，可以发现 D 的系数仍然显著为正，而国有企业改制与产品差异化程度的交叉项系数则显著为负，这意味着对于垄断程度较高的行业，国有企业改制对出口产品质量的促进作用较小，对于竞争行业的出口产品质量促进作用更大。

三、影响渠道检验

本章的基本结论是国有企业改制显著提高了企业出口产品质量。本部分将通过建立中介效应模型进一步揭示其背后可能的影响渠道[①]。结合本章第二部分的理论分析，选择全要素生产率（tfp）、资金约束（$finance$）、资本密集度（$lncap$）作为中介变量。

根据 Baron 和 Kenny（1986）的检验办法，可以分为三个步骤：第一步，被解释变量对主要解释变量进行回归；第二步，中介变量对主要解释变量进行回归；第三步，被解释变量对主要解释变量和中介变量进行回归。根据以上回归，中介关系成立需满足三个条件：第一，主要解释变量对中介变量的影响显著；第二，主要解释变量对被解释变量的影响显著；第三，中介变量显著影响被解释变量。如果满足以上条件，则可以通过比较第二、第三步中主要解释变量估计系数的大小及显著性来确定是否存在中介效应。

完整的中介效应模型由以下方程构成：

$$quality_{fihct} = \alpha_0 + \beta_0 \cdot D_{ft} + \delta \cdot X_{ft-1} + \varphi \cdot Z_{it} + \gamma_i + \lambda_t + \eta_{hc} + \varepsilon_{fihct} \qquad (5.15)$$

$$mv_{fit} = \alpha_1 + \beta_1 \cdot D_{ft} + \delta \cdot X_{ft-1} + \varphi \cdot Z_{it} + \gamma_i + \lambda_t + \varepsilon_{fit} \qquad (5.16)$$

$$quality_{fihct} = \alpha_2 + \beta_2 \cdot D_{ft} + \rho \cdot mv_{fit} + \delta \cdot X_{ft-1} + \varphi \cdot Z_{it} + \gamma_i + \lambda_t + \eta_{hc} + \varepsilon_{fihct}$$

$$(5.17)$$

其中，mv 为中介变量，包括当期全要素生产率（tfp）、资金约束（$finance$）、资本密集度（$lncap$）。

表 5－10 报告了国企改制对企业出口产品质量的影响渠道检验结果。其中，

---

① 关于中介效应模型的介绍详见温忠麟等（2012）。

列（1）是对式（5.15）也即基准模型的估计结果，因此它与表5－10列（3）的回归结果相同；列（2）～列（4）是对式（5.16）进行估计的结果。列（5）～列（7）则给出了将中介变量 tfp、$finance$、$lncap$ 分别加入式（5.17）进行估计的结果。

表 5 – 10　影响渠道检验

解释变量	(1) quality	(2) tfp	(3) finance	(4) lncap	(5) quality	(6) quality	(7) quality
D	0.104 ***	0.040 ***	− 0.079 **	− 0.085 **	0.023 *	0.106 ***	0.109 ***
	(0.028)	(0.015)	(0.036)	(0.042)	(0.013)	(0.029)	(0.028)
tfp					2.025 ***		
					(0.638)		
finance						0.027 ***	
						(0.006)	
lncap							0.054 ***
							(0.012)
L. age	− 0.025	− 0.007	0.001	0.016 ***	− 0.001	− 0.013	− 0.010
	(0.019)	(0.014)	(0.020)	(0.001)	(0.019)	(0.019)	(0.019)
L. tfp	0.079 **	0.333 ***	0.206 ***	0.928 ***	0.095 ***	0.073 **	0.029 ***
	(0.035)	(0.027)	(0.040)	(0.022)	(0.035)	(0.035)	(0.009)
L. lnwage	− 0.009	0.023	0.016	− 0.037 ***	− 0.056 **	− 0.009	− 0.007
	(0.024)	(0.018)	(0.027)	(0.002)	(0.024)	(0.024)	(0.024)
L. lncap	0.058 ***	− 0.210 ***	0.003 ***	0.563 ***	0.483 ***	0.058 ***	0.028 ***
	(0.021)	(0.016)	(0.001)	(0.031)	(0.022)	(0.021)	(0.006)
L. size	0.101 ***	− 0.248 ***	0.023	− 0.031 ***	0.603 ***	0.100 ***	0.103 ***
	(0.028)	(0.023)	(0.034)	(0.002)	(0.027)	(0.027)	(0.028)
L. finance	0.026 **	0.051 **	0.316 ***	0.003 *	− 0.077 ***	0.017	0.026
	(0.012)	(0.020)	(0.030)	(0.002)	(0.013)	(0.013)	(0.022)
entrybarrier	− 0.108 ***	− 0.027	0.003	− 0.037 ***	− 0.053 **	− 0.108 ***	− 0.106 ***
	(0.027)	(0.024)	(0.035)	(0.002)	(0.027)	(0.027)	(0.027)
agglomeration	0.611	− 0.477 *	− 0.408	0.355 ***	1.577 ***	0.662	0.592
	(0.459)	(0.279)	(0.408)	(0.032)	(0.465)	(0.463)	(0.459)

续表

解释变量	(1) quality	(2) tfp	(3) finance	(4) lncap	(5) quality	(6) quality	(7) quality
hhi	-1.195	-0.731*	0.924	0.016	0.285	-1.220	-1.260
	(0.809)	(0.411)	(0.601)	(0.059)	(0.817)	(0.819)	(0.814)
foreginshare	-1.074***	-0.052	-0.348	-0.100***	-0.969***	-1.065***	-1.069***
	(0.245)	(0.189)	(0.277)	(0.018)	(0.248)	(0.247)	(0.245)
年份固定效应	yes	yes	yes	yes	yes	yes	yes
企业固定效应	yes	yes	yes	yes	yes	yes	yes
产品—目的地国固定效应	yes	no	no	no	yes	yes	yes
N	63392	1500	1500	1500	63392	63392	63392
R^2	0.382	0.897	0.780	0.987	0.382	0.382	0.383

表 5 - 10 列（2）~列（4）的回归结果显示，国有企业改制显著提升了企业全要素生产率、降低了企业现金流动性、提升了企业员工技能水平。列（5）中 D 的影响系数由初始检验的 0.104 下降为 0.023，并且在 10% 的水平下显著，而全要素生产率（tfp）的影响系数在 1% 的水平下显著为正，中介效应占比约为 77.88%（2.025×0.040/0.104），这意味着国有企业改制对出口产品质量的促进作用在很大程度上是通过全要素生产率渠道实现的。列（6）中 D 的影响系数由初始检验的 0.104 上升为 0.106，并在 1% 的水平下显著，资金约束（finance）的影响系数在 1% 的水平下显著为正，这意味着国有企业改制使得企业资金约束变紧，对产品质量产生了负向影响，不过这种负向作用很小，中介效应占比约为 -1.92%（-0.079×0.027/0.104）。列（7）中 D 的影响系数由初始检验的 0.104 上升为 0.109，并在 1% 的水平下显著，资本密集度（lncap）的影响系数在 1% 的水平下显著为正，这意味着国有企业改制通过降低资本密集度从而抑制了出口产品质量，但影响不大，中介效应占比约为 -4.41%（-0.085×0.054/0.104）。此外，本章进行了 Sobel 检验，Z 统计量均通过了 1% 水平的统计检验①。

———————

① Sobel Z 统计量以及中介效应占比采用 Stata 中 Sgmediation 命令得到。

第六节　本章小结

本章基于 2000～2007 年的中国工业企业数据、中国海关进出口数据的匹配数据，考察了国有企业改制对出口产品质量的影响。

首先，本章发现国有企业改制对出口产品质量产生了显著且稳健的促进作用。进一步的研究发现，国有企业改制后国有资本保留约为29%的国有股权比例，实现混合所有，有助于提升出口产品质量，从而实现国有资本做强做优做大；异质性检验发现，国有企业改制并非"一改就灵"，其影响效果表现出明显的差异性，对改制为民营企业、同质性产品和高竞争程度行业内的企业，国有企业改制会较大程度地提高产品质量，对改制为外资企业、异质性产品和垄断行业的企业，改制对产品质量的促进作用则较小。其次，影响机制检验表明，国有企业改制通过提高企业全要素生产率、硬化企业资金约束和提升员工技能水平来影响出口产品质量，其中提高企业全要素生产率是产生促进作用最主要的渠道。最后，本章至少在以下三个方面存在可能的拓展之处：一是国有企业改制对出口产品质量的影响只是在开放视角下评估国有企业改制效果的一个维度，未来的研究可以从出口技术复杂度、生产位置、出口国内增加值等维度展开进一步分析；二是本章考察的是国有企业改制对自身出口产品质量的直接影响，而研究发现国有企业会通过道德风险和软预算约束拖累民营企业的发展（刘瑞明和石磊，2010），未来的研究可以考察地区或行业国有企业改制进程对民营企业绩效的间接影响；三是产权的变革很大程度上只是厘清政企关系、保障企业独立市场地位的外部条件，而企业内部是否建立起有效的治理结构，对企业发展也至关重要，未来的研究可以结合上市公司数据综合考察国有企业改制和公司治理结构对企业绩效的影响。

第六章　高校扩招对出口产品
质量的影响

第一节　引言

自1977年恢复高考以来，中国高等教育不断发展，高校扩招无疑是高等教育发展进程中的重大事件之一。而始于20世纪90年代末期的高校扩招，无论是受到人们的称赞还是批评，都的的确确改变了一大批青年学子的命运①，也极大地改善了新成长劳动力的人力资本素质（蔡昉，2012）。此外，进入21世纪以来，中国企业的出口质量持续攀升（施炳展，2013；余淼杰和张睿，2017）。理论和实证研究反复表明，高质量产品的生产依赖于高技能的劳动力（Verhoogen，2008；Brambilla et al.，2010；Brambilla and Porto，2016），那么高校扩招生在大量毕业后进入劳动力市场是否会改善企业的出口产品质量呢？对于这一问题的回答，既关系到对高校扩招政策更为全面、客观的评价，以及高等教育的发展方

———————

① 1999年大学毕业生数量为84.8万，2007年则达到了447.8万，增幅为428%。

向，也关系到如何推动中国出口企业顺利实现转型升级，培育出新的出口竞争优势，实现由贸易大国向贸易强国的转变。

实际上，我们仔细梳理1999年高校扩招的现实背景，就会发现其目的不限于缓解就业压力①，进一步提升高等教育对经济发展、国际竞争力的支撑作用也是一个重要的考虑（吴要武和赵泉，2010；Wang，2012）②。从国内来看，中国从1978年开始实行改革开放，制定了建设社会主义现代化的发展计划，这项工程所要解决的问题之多、之复杂是可想而知的，这显然离不开高等教育所拥有的智力资源，需要培养更多的高素质且富有创新精神的人才；从国际来看，进入20世纪90年代，许多发达国家都将振兴教育作为提高综合国力的基本国策，中国如果不能加快发展教育事业，迅速把沉重的人口负担转变为巨大的人口优势，中国同发达国家的差距就会进一步扩大（陈至立，1999）③。党的十五大报告指出，"培养同现代化要求相适应的数以亿计高素质的劳动者和数以千万计的专门人才，发挥我国巨大人力资源的优势，关系21世纪社会主义事业的全局。要切实把教育摆在优先发展的战略地位"。1999年召开的第三次全国教育工作会议对高等教育的发展方针作出了重大决策，其提出，"当今世界，科学技术突飞猛进，知识经济已见端倪，国力竞争日趋激烈。教育在综合国力的形成中处于基础地位，国力的强弱越来越取决于劳动者的素质，取决于各类人才的质量和数量"。这次会议的召开和随后颁布的《面向21世纪教育振兴行动计划》④，促成了20

---

① 国有部门就业人数由1990年的10346万人下降到1998年的8809万人，减少近1500万人。1999年末累计下岗的职工人数占全国职工总人数的20.7%，全部城镇劳动力的13.2%（夏庆杰等，2009），可见当时的就业压力之大。

② 在1999年的扩招中，前亚洲开发银行中国代表处首席经济学家汤敏和左小蕾起了重要作用，他们于1998年1月向中央政府提交了《关于启动中国经济有效途径——扩大招生量一倍》，提出"扩大高校招生不应是权宜之计……要从中华民族在二十一世纪的知识化、全球化的新环境中能否重新崛起的高度重新认识与设计我国的高等教育体制。在'十五'计划以及国家的远景规划中加以通盘考虑"。

③ 陈至立为时任教育部部长。

④ 《面向21世纪教育振兴行动计划》是教育部1998年12月24日制定，国务院1999年1月13日批转的纲领性文件，其是在贯彻落实《教育法》及《中国教育改革和发展纲要》的基础上提出制定的跨世纪教育发展和改革的施工蓝图。

世纪末以来的我国高校扩招。从 1999 年开始，中国高等学校招生加速进行，当年扩招比例高达47%，其后三年分别以 25%、17%、10% 的速度增长。

在此背景下，本章在构建理论模型的基础上，基于 2000～2007 年中国工业企业数据库和中国海关进出口数据库的匹配数据，使用双重差分法考察了 1999 年开始的高校扩招对企业出口产品质量的影响发现，高校扩招的第一批毕业生进入劳动力市场后，相比劳动技能密集度低的企业，劳动技能密集度高的企业出口产品质量有了明显提高。为了保证结果的稳健性，我们通过改变主要变量测度办法、控制中国加入 WTO 带来的进口冲击和投资冲击、考虑样本选择问题、处理可能的异常值以及改变聚类方法后，结论依然稳健。进一步检验发现，高校扩招对出口产品质量的影响存在异质性，对质量差异幅度较大的行业、内陆地区企业和民营企业，高校扩招对出口产品质量的促进作用更大。

同既有研究相比，本章的贡献主要体现在以下四个方面：

第一，本章较早地从出口产品质量角度考察了高校扩招对企业的影响。代表性文献重点关注了高校扩招对大学生就业（吴要武和赵泉，2010；邢春冰，2014；Knight et al.，2016；Xing et al.，2018）、教育机会（吴晓刚，2009；李春玲，2010；张兆曙和陈奇，2013）、收入水平（郭庆旺和贾俊雪，2009；徐舒，2010；简必希和宁光杰，2013；马光荣等，2017；Gao and Smyth，2015；Knight et al.，2016）、收入差距（Meng et al.，2013；赵春明和李宏兵，2014）、职业流动和社会流动（吕姝仪和赵忠，2015；Mok and Wu，2016）、主观幸福感（Hu，2015；马汴京，2017）、住房价格（陈斌开和张川川，2016）以及婚姻市场（吴要武和刘倩，2015）等方面的影响。以上研究无疑对理解高校扩招的影响提供了深刻的洞见，但其关注对象主要是学生（考生）群体，实际上除了学生（考生）群体外，高校扩招还涉及高校、用人单位甚至是地方政府等利益主体，本章重点关注了高校扩招对企业这一主要用人单位的影响①。与本章关系最为密切的文献是 Che 和 Zhang（2017），该文考察了高校扩招对企业生产效率的影响。不同于该研究的是，我们考察的是高校扩招对企业出口产品质量的影响，生产效率与出口产品质量毕竟是不同的研究对象，生产效率也只是影响出口产品质量的一个因素，高技能劳动力投入、资金投入等也起着重要作用。

第二，本章的理论模型考察了劳动和产品市场两个维度的异质性，从而可以解释高校扩招是如何影响劳动供给者和需求方，进而改变产品质量的。具体来说，拓展之处有三个方面：一是从劳动供给角度，本章重在强调劳动者在进入就业市场之前，个体如何根据高校扩招对人力资本投资的未来回报来做出是否接受高等教育的最优决策（Becker，1962），而不是仅仅讨论高校扩招是如何直接增加人力资本的；二是给定总体劳动人口水平，本章的模型不是简单地构建质量生产函数，而是考虑了更为现实的情景，即社会上存在不同质量的生产部门，各企业根据技术约束的要素价格来竞争性雇佣不同技能的劳动力以实现最大化利润（Bhaskar et al.，2002），高校扩招改变了要素相对价格，从而通过影响企业决策来改变产品质量；三是本章模型将工资溢价内生化，即劳动成本不是外生决定的，而是受高校扩招影响所引致的劳动力市场的供求变化所决定的（Dale and Krueger，2002）。因此，该模型不仅可以解释高校扩招对产品质量的影响，而且从理论上来说，还可以判断是否存在"过度扩招"的可能性，即高学历劳动力在某些情况下可能获得比普通技能劳动力更低的工资。

第三，本章丰富了制度改革影响出口产品质量的相关研究。诸多研究探讨了制度因素对一国出口竞争力的影响（Berkowitz et al.，2006；Ju and Wei，2010；Levchenko，2007；Nunn，2007；Nunn and Trefler，2013；Ding et al.，2018）。生产高质量产品需要高质量的中间品以及高技能的劳动者（Verhoogen，2008；

---

① 岳昌君（2012）利用北京大学教育经济研究所于2003~2011年进行的5次全国高校毕业生的抽样调查数据发现，企业是吸纳毕业生就业的最主要单位，并且呈现上升的趋势。

Brambilla et al.，2010；Brambilla and Porto，2016），而制度改革则会影响要素的配置进而影响出口产品质量。其中，从制度视角考察出口质量的研究见于贸易制度（Bas and Strauss－Kahn，2015；Fan et al.，2015）、出口退税制度（许和连和王海成，2018）、金融制度（张杰，2015）、司法制度（Essaji and Fujiwara，2012；余淼杰等，2016）等。本章的贡献在于从高校扩招这一高等教育招生制度变革的视角出发，来考察其对出口产品质量的影响，这一视角较少受到国际贸易学领域的关注。

第四，本章的研究丰富和完善了关于中国出口竞争力来源的相关研究。传统贸易理论认为，出口竞争力取决于出口产品与本地产品的相对价格，关于中国出口产品竞争力来源的诸多研究分别从劳动力成本（茅锐和张斌，2013）、人民币汇率（陈斌开等，2010）、生产效率（文东伟等，2009；鲁晓东，2014）等方面进行了分析。进入 21 世纪以来，随着新新贸易理论的兴起，研究的关注点逐渐转向了以产品质量为代表的非价格性竞争力因素对出口竞争力的影响。从需求角度来看，消费者会同时考虑产品价格和产品质量，尽管高质量产品价格高，但在考虑"性价比"后，高质量产品的实际价格可能更低，更具有消费者认可度和获利能力（Baldwin and Harrigan，2011；Fan et al.，2015）。本章的研究发现，始于 1999 年的高校扩招显著提升了企业出口产品质量，从实证上分析了中国用工成本持续上升以及 2005 年汇改后，出口依然保持着竞争力的原因。

第二节　高校扩招与企业产品质量：
一个简单的理论模型

　　为了研究高校扩招如何改变劳动力供给选择，以及企业如何选择不同质量的要素投入从而决定均衡的劳动力市场和产品质量，我们考虑劳动力市场和产品市场两个维度的异质性。劳动者能力存在差异，其是否接受高等教育的回报不同。企业的质量生产率存在差异，其面临的要素价格是否不同。因此不同质量的生产部门在差异化的寡头市场上会选择不同的要素投入。在一般均衡时，劳动者选择是否接受高等教育，与此同时，企业通过价格竞争为劳动者开出竞争性工资。

一、劳动力市场

就劳动力市场而言，令所有的潜在就业者的特征（技能）为 $x \in [0, 1]$，其分布函数为 $F(\cdot)$ 以及密度函数为 $f(\cdot) = F'(\cdot)$。在第一阶段，潜在就业者为高中毕业生，选择接受高等教育或者不接受高等教育。第二阶段接受和不接受高等教育的学生进入劳动力市场：如果不接受高等教育，则得到低工资水平 w_L，如果接受高等教育，则未来可得到高工资水平 w_H。个体对接受或不接受高等教育的偏好以负效用表示，即如果不接受高等教育，其负效用为 tx^2，反之接受高等教育的负效用为 $t(1-x)^2$。在这里负效用相当于产品水平差异化中的"交通成本"（Hotelling，1929），而二次方形式的负效用表示是否选择接受高等教育的边际效用递减。此外，如果接受高等教育，需要付出额外的成本，即 $\kappa > 0$。参数 κ 可以广义上理解为接受高等教育的难度，因为高考面临竞争和不确定性，并且推迟了参加工作的时间。因此在本章中，高校扩招等价于 κ 的降低。

一个边际劳动者选择接受或不接受高等教育在无差异时所对应的技能水平为

$$\hat{x} = \frac{1}{2} + \frac{w_H - w_L - \kappa}{2t} \tag{6.1}$$

因此，选择接受高等教育的劳动者数量为 $L_H^s := 1 - F(\hat{x}) = \int_{\hat{x}}^{1} f(x) \, dx$，

选择不接受高等教育的劳动者数量为 $L_L^s := F(\hat{x}) = \int_{0}^{\hat{x}} f(x) \, dx$。显然在其他条件不变的情况下，根据无差异条件式（6.1），技能工资差异 $\Delta w = w_H - w_L$ 越

高，接受高等教育的成本 κ 越低，则劳动者越愿意选择接受高等教育。

二、产品市场

假设产品市场上存在生产高质量和低质量产品的两个部门，其分别投入资本、接受高等教育的高技能劳动力以及没有接受高等教育的低技能劳动力（Weisbrod，1962）。高质量产品记为 Q_H，低质量产品记为 Q_L。其市场价格分别为 p_H 和 p_L（且 $p_L < p_H$）。两类企业根据市场价格和资本成本，分别选择工资水平和资本投入量来获得最大化利润：

$$\max_{K_L, w_L} p_L Q_L(K_L, L_L^d) - w_L L_L^d - r K_L$$

$$\max_{K_H, w_H} p_H A\, Q_H(K_H, L_H^d) - w_H L_H^d - r K_H \tag{6.2}$$

其中，K_i，$i \in \{H, L\}$ 表示资本投入量，资本价格为 r。资本价格 r 越高意味着企业面临更紧的融资约束。$A > 1$ 表示高质量产品部门的全要素生产率，低质量部门的生产率标准化为 1。为了方便得到解析解，需要对质量生产函数施加一定限制：

假设：产品质量 $Q_i(K_i, L_i)$，$i \in \{H, L\}$ 是资本和劳动力的增函数，其中资本的边际产品递减，劳动力的边际产品为常数，即产品质量生产函数是资本和劳动的拟线性形式。同时，资本与劳动是可分的。即

$$\frac{\partial Q_i}{\partial K_i} > 0, \quad \frac{\partial^2 Q_i}{\partial K_i^2} < 0, \quad \frac{\partial Q_i}{\partial L_i} > 0, \quad \frac{\partial^2 Q_i}{\partial L_i^2} = 0, \quad \frac{\partial^2 Q_i}{\partial K_i \partial L_i} = 0$$

两类产品部门最大化其利润，其一阶条件可以得到企业对资本的需求和均衡的工资水平，即

$$p_L \frac{\partial Q_L(K_L^*)}{\partial K_L} = r, \quad w_L^* = p_L \frac{\partial Q_L}{\partial L_L^{d*}} - 2t \frac{F(\hat{x}^*)}{f(\hat{x}^*)}$$

$$A p_H \frac{\partial Q_H(K_H^*)}{\partial K_H} = r, \quad w_H^* = A p_H \frac{\partial Q_H}{\partial L_H^{d*}} - 2t \frac{1 - F(\hat{x}^*)}{f(\hat{x}^*)} \tag{6.3}$$

式（6.3）中含有四个等式和四个未知量，即可得出一组均衡向量 $\{K_L^*, K_H^*,$

w_H^*, $w_L^*\}$。在劳动市场出清的状态下，$L_L^{d*} = L_L^{s*} = F(\hat{x}^*)$ 且 $L_H^{d*} = L_H^{s*} = 1 - F(\hat{x}^*)$。

三、市场均衡

在质量生产函数的假设中，资本和劳动是可分的，因此 $\partial Q_i/\partial K_i$ 不取决于劳动力。由于资本的边际产品递减，因此通过式（6.3）可知，资本需求随着融资约束的加剧而降低，因此其他条件不变时，产品质量降低。同理，产品质量随全要素生产率的提高而提高。

通过式（6.1）可知，技能工资溢价 Δw 的提高或者高校扩招（κ 降低）可以提高劳动者接受高等教育的意愿，也即 $\dfrac{\partial F(\hat{x})}{\partial \kappa} = f(\hat{x})/2t > 0$。而从劳动需求角度而言，工资的确定也受到高校扩招的间接影响，通过对式（6.3）中的工资水平及 κ 进行全微分可得高校扩招对工资溢价的影响为

$$\frac{\mathrm{d}\Delta w^*}{\mathrm{d}\kappa} = \frac{2f^2(\hat{x}^*) + f'(\hat{x}^*)(1 - 2F(\hat{x}^*))}{3f^2(\hat{x}^*) + f'(\hat{x}^*)(1 - 2F(\hat{x}^*))}$$

高校扩招即 κ 的降低是否会改变工资溢价，取决于能力分布函数的性质。例如，如果能力服从均匀分布，则 $\dfrac{\mathrm{d}\Delta w^*}{\mathrm{d}\kappa} = \dfrac{2}{3}$，此时高校扩招增加了高技能劳动力之间的竞争，降低了工资溢价。就一般情况而言，低技能分布密度较大时，高校扩招对劳动力技能的转化作用较强，低技能劳动力接受高等教育后，可以从事高技能工种的工作，可以很大程度上压低工资溢价，节约成本。相反，在均匀分布的情况下，各种初始能力分布是等可能的，此时高校扩招对改变劳动力技能组成的作用比较小，对工资溢价的削弱作用相对不足。而对于均值和分布密度集中在高能力的分布函数而言，工资溢价可能为负，即由于低技能劳动力供不应求，低技能工资反而较高——这与我国 2003 年以来多个地区出现的"民工荒"所对应。同理，全要素生产率 A 的提高会提升工资溢价。

工资溢价和高校扩招对增加个体劳动者接受高等教育的影响是一样的，而对产品质量的影响则是通过 κ 的降低来改变劳动供求均衡数量的。由于质量是高技能劳动力的增函数，而高校扩招导致工资溢价的降低可以减少雇佣高技能劳动力的成本，从而使得产品质量得到提升。

将式（6.3）代入产品质量中，可得均衡的产品质量为

$$Q_H^* = A\,(\,G\,(\,K_H^*\,) + 1 - F(\,\hat{x}^*\,)\,)$$

其中，$G(\,\cdot\,)$ 衡量资本投入对产品质量的贡献。根据假设，$G'(\,\cdot\,) > 0$ 且 $G''(\,\cdot\,) > 0$。因此结合式(6.3)，可知在其他条件不变的情况下，高校扩招（κ 降低）、全要素生产率 A 提高、融资约束缓解（r 降低）、资本投入增加以及工资溢价降低均可提高产品质量。同时，高校扩招还可以通过提高高技能劳动力的投入以及降低工资溢价来间接提升产品质量。

四、显示解与数值模拟

为了使结果更为直观，令技能水平 x 服从均匀分布；产品质量生产函数形式分别为 $\sqrt{K_L} + \hat{x}$ 以及 $A\,(\sqrt{K_H} + (1 - \hat{x}))$。这样，式（6.3）对应的显示解为[①]

$$K_L^* = \frac{1}{4}\frac{p_L^2}{r^2},\quad w_L^* = \frac{1}{3}(A\,p_H + 2\,p_L - \kappa) - t$$

$$K_H^* = \frac{1}{4}\frac{A\,p_H^2}{r^2},\quad w_H^* = \frac{1}{3}(2A\,p_H + p_L + \kappa) - t \tag{6.4}$$

此时，对应的选择接受高等教育的劳动力数量为

$$1 - \hat{x}^* = \frac{1}{2} + \frac{A\,p_H - p_L - \kappa}{6t} \in [\,0,\ 1\,] \tag{6.5}$$

以及高质量的产品为

---

① 如果 $G(\,\cdot\,)$ 取对数形式，即 $\log(K_i)$ 并不改变均衡的性质。为了避免数值模拟过程中取值范围的限制故使用根号形式。

·135·

$$Q_H^* = A\left(\sqrt{K_H^*} + (1 - \hat{x}^*)\right) \tag{6.6}$$

其中，均衡的高技能劳动力数量 $1 - \hat{x}^*$ 由式(6.5)表示，均衡的资本投入量由式(6.4)表示。通过式(6.6)可以很直观地得到，产品质量随着全要素生产率的提高而提高：$\dfrac{\partial Q_H^*}{\partial A} > 0$；资本投入越高以及融资约束越小，产品质量便越高：

$$\frac{\partial Q_H^*}{\partial K_H} = \frac{A}{2\sqrt{K_H^*}} > 0 \text{ 以及 } \frac{\partial Q_H^*}{\partial r} = -\frac{A^2 p_H^2}{4 r^3 \sqrt{K_H^*}} < 0 ;$$ 产品质量随着接受高等教育的高技

能劳动力的提高而增加：$\dfrac{\partial Q_H^*}{\partial(1 - \hat{x}^*)} > 0$，且高校扩招提高了产品质量：$\dfrac{\partial Q_H^*}{\partial(-\kappa)} = $

$\dfrac{1}{6t} > 0$。

在图 6 – 1 中，标星序列表示全要素生产率的影响。实线和虚线表示融资约束（即资本供给情况），其中实线表示高质量部门，虚线表示低质量部门。方块和圆圈序列分别表示高校扩招即受教育成本改变对低质量和高质量部门的影响。在图 6 – 1（a）中，高校扩招使得不同产品质量的部门生产的质量发生分化，使得社会资源开始倾斜到高质量部门中，以提升产品质量。

在均匀分布的情况下，两类部门的资本劳动比（资本密集度）可以通过比较式（6.4）和式（6.5）得到，即

$$\frac{K_L^*}{\hat{x}^*} = \frac{3}{2} \frac{p_L^2 t}{r^2 (3t + \kappa - (A p_H - p_L))} < \frac{K_H^*}{1 - \hat{x}^*} = \frac{3}{2} \frac{A^2 p_H^2 t}{r^2 (3t - \kappa + (A p_H - p_L))}$$

但高校扩招使得高技能劳动相对资本价格更低，高校扩招会使得原本的高质量产品部门的资本密集度下降，低质量产品部门的资本密集度上升，这是通过降低 $\hat{x}^*$ 实现的。在图 6 – 1（c）中，高质量部门的资本密集度高于低质量部门，但随着高校扩招，资本的作用下降，资本密集度的差距在减少。

在均匀分布的情况下，工资溢价为 $\Delta w^* = (A p_H - p_L + 2\kappa)/3$。在指数分布的情况下，工资溢价为 $\Delta w^* = A p_H - p_L + 2t\, e^{\lambda \hat{x}^*}/\lambda - 2t$。在正态分布的情况下，

工资溢价为 $\Delta w^* = A\, p_H - p_L + 2t\sqrt{2\pi}\,\sigma \exp\left\{\dfrac{\hat{x}^* - \mu}{\sqrt{2}\sigma}\left(1 + \dfrac{\hat{x}^* - \mu}{\sqrt{2}\sigma}\right)\right\}$。例如，在图 6-1（d）中，不论是均匀分布，指数分布还是正态分布，高校扩招都降低了工资溢价。对于指数分布而言，如果初始技能密度从低技能（$\lambda = 3$）转移到高技能（$\lambda = 2$），则工资溢价下降。同理，对于正态分布，技能均值的上升（从 $\mu = 0$ 到 $\mu = 0.8$）或者在零均值的情况下方差的上升（从 $\sigma = 0.4$ 到 $\sigma = 0.5$），都使技能分布的密度向高技能转移，此时会降低工资溢价。甚至，当 $\mu = 0.8$ 时，会出现低技能的工资高于高技能工资的现象。

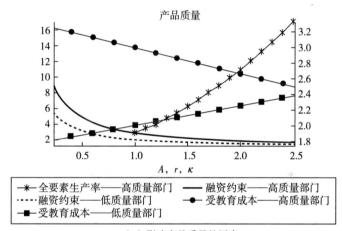

（a）影响产品质量的因素

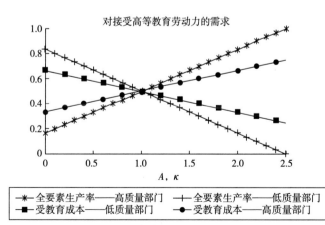

（b）对不同技能劳动力的需求

图 6-1 数值模拟

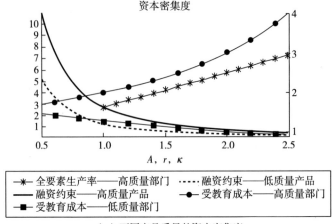

（c）不同产品质量的资本密集度

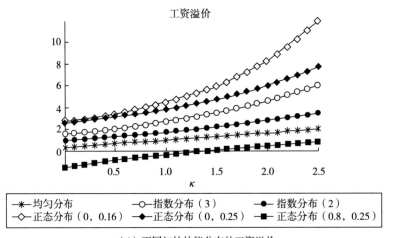

（d）不同初始技能分布的工资溢价

图 6 - 1　数值模拟（续图）

注：高校扩招表示为 κ 的降低。从（a）到（d）中，高校扩招的过程相当于 κ 的下降，即 κ 从横轴的右侧向左侧变化。全要素生产率的上升对应横轴从左向右的变化趋势。融资约束的缓解或降低即 r 的下降对应了横轴从右向左的变化趋势。由于理论模型中考虑的是一个封闭的环境，总人口是固定的，比较高低技能、质量和工资都是"相对"的，因此与后文实证部分相联系的时候需要谨慎解读。

　　综上可得，高校扩招提高了劳动者投资人力资本的相对回报，降低了企业选择高技能劳动的要素成本，从而提升了出口产品质量。

第三节　研究设计

一、数据来源

本章的数据主要来源于两个方面：第一，企业层面的生产数据，来源于国家统计局 2000～2007 年的中国工业企业数据库①。第二，相应年份产品层面的中国海关出口数据，来源于中国海关进出口数据库。具体处理和数据库之间的匹配方法参见第五章。

二、计量模型

借鉴 Che 和 Zhang（2017）等的做法，建立如下连续差分的计量模型：

$$quality_{ict} = \alpha + \beta\, HC_c \times post + \delta\, X_{ict} + \gamma_i + \lambda_t + \eta_c + \varepsilon_{ict} \tag{6.7}$$

其中，i 表示企业，c 表示 CIC4 位码行业，t 表示年份。$quality$ 表示企业层面出口质量，HC_c 表示行业人力资本密集度。人力资本密集度越高的行业，在高校扩招毕业生进入劳动力市场后对其影响越大，并且不同行业间人力资本密集度存在非常明显的差异，因此 HC_c 可以较好地识别连续分组。$post$ 表示企业处于 2003 年前后的虚拟变量，若处于 2003 年及之后，$post = 1$；如果处于 2003 年之前，$post = 0$。大学专科、大学本科和研究生存在学制的差异（分别为 3 年、4 年和 3 年)②，那么 1999 年开始的中国高校扩招后第一批进入劳动力市场的毕业生

---

① 在此需要说明的是，由于中国工业企业数据库 2007 年之后的数据质量较差（杨汝岱，2015），学术界同行较少使用，本书选取的时间范围为 2000～2007 年。

② 在 2000～2007 年，我国绝大部分高校研究生教育实行的是 3 + 3 学制，即硕士、博士各 3 年。

时间大概分别为 2002 年 6 月和 2003 年 6 月，从图 6 – 2 可以看出，普通高等学校毕业生数量自 2002 年开始出现迅速上升。本书之所以没有选取 2002 年作为分界点，原因有两个：一是出口产品质量的提升并非是一朝一夕就可以完成的，尤其是对于新进入劳动力市场的毕业生而言，从上岗培训、熟悉业务流程到作用于产品质量需要一定的时间（许和连和王海成，2018）；二是 HC_c 是行业层面指标，没有考虑地区间的差异，暗含的假设是劳动力可以在地区间进行无障碍的自由流动。实际上，直到 2002 年国家才取消限制高校毕业生流动的政策[①]，允许高校毕业生跨省（自治区、直辖市）和跨地（市）就业，考虑到政策时滞，选择 2003 年作为分界点更为合适。β 是我们主要关心的回归系数，它衡量了高校扩招前后高人力资本密集度企业和低人力资本密集度企业出口产品质量变化的平均差异，如果 β >0，则意味着高技能密集度企业出口产品质量相比低技能密集型企业有所提高，高校扩招对出口产品质量产生了正向促进作用。X 表示企业层面和所在行业随时间推移而变化的控制变量，γ_i 表示企业固定效应，λ_t 表示年份固定效应，η_c 表示行业固定效应，ε_{ict} 表示随机误差项。

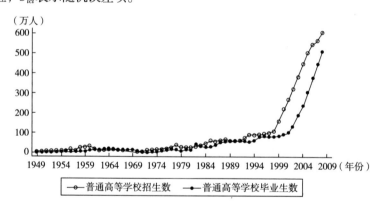

图 6 – 2　普通高等学校毕业生数与招生数

资料来源：《新中国 60 年统计资料汇编》。

[①]　参见《国务院办公厅转发教育部等部门关于进一步深化普通高等学校毕业生就业制度改革有关问题意见的通知》（指导国办发〔2002〕19 号），该文件的发布成为高校毕业生在更大范围内适应市场经济需要向自主择业过渡的重要标志。

对于以上描述，需要说明的还有以下四点：第一，本章主要考察了 1999 年开始的高校扩招，而非其他年份的高校扩招对出口产品质量的影响。除了数据限制外，更主要的是 1999 年开始的高校扩招无论是在扩招幅度和持续性上，还是在影响力上都远远超过了 1977 年高考恢复以来的另外两次扩招①，并且这次扩招仍然在深刻地影响着中国经济。第二，本章没有使用产品层面而是使用企业层面的出口产品质量，原因在于：一是中国工业企业数据库为企业层面的年度数据，如果使用产品层面的质量数据，在没有引入新信息的情况下观测值数量的扩大会使得标准误差变小（Manova and Zhang，2012）。二是相比年度数据，月度数据可能存在更为严重的异常值问题。第三，使用双重差分法的研究基本上都是借鉴将全部样本分为处理组和对照组的思路，例如，我们可以根据某一特定值，如人力资本密集度，根据其是否高于中位数来划分高人力资本组和低人力资本组，虽然这不会从根本上改变研究结论，但人为选择边界值容易导致分组偏差。而本书所使用连续分组的方法，同样可以识别出高校扩招对出口产品质量的影响，也更为合理。第四，标准误差问题。统计推断应控制聚类，否则会使得标准误差被低估进而导致使用经典假设检验被拒绝，通常的做法是使用聚类的标准误差（Bertrand et al.，2004；Cameron et al.，2011）。由于本章的组别较少②，借鉴 Acemoglu 和 Pischke（2003）的做法，在控制个体固定效应的情况下，在 CIC4 位码行业—年份（CIC4 × year）层面进行聚类。

---

　　① 1999 年以来，我国普通本专科生招生规模实现了持续 9 年招生规模扩大，而且年均增长率达到 17.1%，这在 1977 年高考恢复之后的各个时期是没有出现过的。在 1977 年恢复高考时，普通本专科生招生人数是 27.25 万人，1978 年普通本专科生招生规模增至 40.2 万人，但在 1979 年又马上恢复至 27.5 万人，可以说这次高校招生规模的扩大带有很强的临时性特征。1992～1993 年高校招生规模的扩大，只持续了两年，1994 年则出现了 2.6% 的负增长。

　　② Angrist 和 Pischke（2008）认为组别在 42 个时方不至于过少。

三、变量说明

（一）企业出口质量（*quality*）

借鉴 Khandelwal 等（2013）、Fan 等（2015）的做法，通过式（6.8）计算企业 i 在年份 t 销往国家 c 的产品 h 的质量：

$$x_{ihct} = q_{ihct}^{\sigma-1} p_{ihct}^{-\sigma} P_{ct}^{\sigma-1} Y_{ct} \tag{6.8}$$

其中，x_{ihct}、q_{ihct} 分别为在 HS6 位码上，在年份 t 目的地国 c 对企业 i 进口的产品 h 的数量与质量，P_{ct} 表示加总价格指数，Y_{ct} 表示国家总收入，σ 表示不同产品之间的替代弹性。对式（6.8）两边取对数获得实证需求方程，回归得出的残差即为产品质量：

$$\ln(x_{fhct}) + \sigma\ln(p_{fhct}) = \varphi_h + \varphi_{ct} + \varepsilon_{fhct} \tag{6.9}$$

其中，产品固定效应（φ_h）可以控制不同种类产品之间价格和数量的差异；国家年份固定效应（φ_{ct}）可以控制目的地国的价格指数（P_{ct}）和总收入（φ_{ct}）。进一步得出产品质量：

$$\hat{q}_{fhct} = \varepsilon_{fhct}/(\sigma-1) \tag{6.10}$$

对于 σ，使用 Broda 和 Weinstein（2006）关于替代弹性的数据计算在每个 HS2 位码上的 σ 值[①]。式（6.10）中 $\hat{q}_{fhct}$ 即为产品层面的出口质量。对上式进行标准化处理可得：

$$squality_{fhct} = (quality_{fhct} - minquality_{fhct})/(maxquality_{fhct} - minquality_{fhct}) \tag{6.11}$$

其中，*squality* 表示标准化质量，*minquality*、*maxquality* 分别表示产品层面的最小值和最大值。将企业产品出口额作为权重，得到企业层面加权平均质量 *quality*。

---

① 既有研究对 σ 的取值有不同的估计方法，如 Anderson 和 van Wincoop（2004）对基于引力模型的 Armington 替代弹性的综述性研究发现，σ 的区间为 5～10，Waugh（2010）基于不同收入水平国家的样本，得出了类似的估计结果。Fan（2015）发现，σ 无论是使用较大值（Eaton and Kortum，2002）还是较小值（Simonovska and Waugh，2014），产品质量的测算结果都差异不大。

（二）行业人力资本密集度（*HC*）

对于制造业行业技能密集度指标，Che 和 Zhang（2017）使用 Ciccone 和 Papaioannou（2009）中美国 20 世纪 80 年代 28 个 ISIC3 位码行业中大学学历及以上人员的比例进行衡量，不同于该研究的是本章使用 1995 年第三次工业普查数据中 CIC4 位码行业中大专学历及以上人员的比例进行衡量。原因在于：第一，虽然根据 Che 和 Zhang（2017）的分析，中国与美国制造业行业人力资本密集度具有较强的相关性，但中美两国人力资本配置有着相当大的区别，根据中国经济增长前沿课题组（2014）的研究，中国大量的大学以上学历的劳动者主要分布在科教文卫等非市场化的事业单位和高度管制的电信、金融、交通业及公共服务部门，而生产性部门的人力资本配置相对较低，制约了产业结构升级和经济增长质量的提高。并且，中美两国制造业发展处于截然不同的阶段，如服装业在中国属于较低人力资本密集度的行业，而在美国处于价值链的两端，主要环节是研发设计，属于高人力资本密集度行业。因此使用 1995 年中国工业普查数据可以避免这一差异。第二，相比使用 ISIC3 位码行业数据，使用 CIC4 位码行业所包含的行业更多、更细，能更好地反映行业间的差异。此外，基于结论的可靠性考虑，我们使用基于 2004 年中国经济普查 CIC4 位码行业人力资本密集度以及 Ciccone 和 Papaioannou（2009）中 ISIC3 位码行业密集度进行稳健性检验。

（三）控制变量

控制变量包括全要素生产率（*tfp*），使用 Levinsohn 和 Petrin（2003）的方法进行估算；企业存续年限（*age*），用当年年份与企业成立年份之差加 1 后取自然对数；企业规模（*size*），用取自然对数的企业年平均就业人数来衡量；人均工资水平（*wage*），用取自然对数的企业年度人均工资来衡量；资金约束（*finance*），用应收账款占主营业务收入之比来衡量，该指标越大，意味着企业资金周转期越长，由于缺乏资金用于支付短期债务，企业面临的资金约束越大（Ding et al.，2013；Manova and Yu，2016）；资本密集度（*lncap*），使用取自然对数的固定资产合计与员工人数之比来衡量；竞争程度（hhi），采用赫芬达尔—赫希曼作为测量指标，具体由某特定市场上所有企业的市场份额的平方和表示：$hhi = \sum_{i=1}^{N}(X_i/X)^2$，其中，$N$ 表示 CIC4 位码行业内的企业数量，X_i 表示第 i 个企业的销售收入；外商资本占比（fieshare），用 CIC4 位码行业中外商资本占实收资本的比率表示。

四、描述性统计

在进行计量回归之前，我们通过图 6 – 3 比较 2003 年前后不同人力资本密集度行业出口质量的变化情况。本章简单地以中位数为临界值将所有行业分为高人力资本密集度组和低人力资本密集度组，左轴为两组行业的平均出口质量。可以看出，在高校扩招的第一批毕业生进入劳动力市场（2003 年）之前，高人力资本密集度组和低人力资本密集度组出口产品质量的变化趋势基本一致，2003 年之后，两组的出口质量总体上都呈现出上升趋势，但高人力资本密集度组的出口产品质量增长更快。这表明高校扩招后，对高校毕业生需求更大的处理组企业出口产品质量比需求较小的处理组企业出口产品质量的提升幅度更大。

进一步地，我们在图 6 – 3 中将右轴处理成高人力资本密集度组和低人力资本密集度组出口产品质量的差值，可以更清晰地看到在 2003 年之前，两组的差距基本保持不变，但在 2003 年之后，两组的差距明显扩大。这也在一定程度上说明出口产品质量的提高并不是由高校扩招之外的其他因素引起的，即满足平行趋势假定。不过，由于没有考虑其他控制变量对结果的干扰，作图的分组标准也存在误差，因此下文我们将使用双重差分法并结合多种稳健性检验方法来进行更为细致的回归分析。

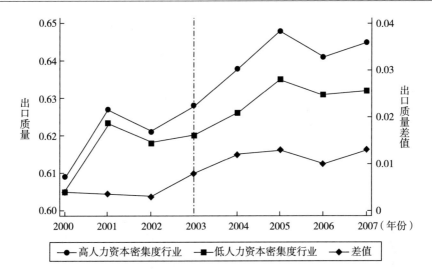

图 6 - 3 2000 ~ 2007 年不同人力资本密集度行业出口质量及差值

第四节 实证检验

一、基本回归

表 6 - 1 给出了基于全样本的回归结果，在列（1）~ 列（3）中，我们均控制了年份、行业和企业个体固定效应。列（1）中没有添加任何控制变量，$HC \times post$ 的回归系数在 5% 的水平下显著为正；列（2）中则加入了企业层面的控制变量，$HC \times post$ 的回归系数在 10% 的水平下显著为正；列（3）则进一步加入了行业层面的变量，D 的回归系数在 5% 的水平下显著为正。以上结论意味着，1999年高校扩招后，相比人力资本密集度低的企业，劳动技能密集度高的企业出口产品质量有了明显提高。

表6-1 基本回归

解释变量	(1)	(2)	(3)
HC × post	0.096 **	0.082 *	0.098 **
	(0.045)	(0.045)	(0.046)
tfp		0.021 ***	0.021 ***
		(0.003)	(0.003)
age		0.006 **	0.006 **
		(0.003)	(0.003)
size		0.034 ***	0.034 ***
		(0.002)	(0.002)
wage		0.006 ***	0.006 ***
		(0.002)	(0.002)
finance		−0.039 ***	−0.039 ***
		(0.007)	(0.007)
lncap		0.011 ***	0.011 ***
		(0.002)	(0.002)
fie		−0.000	−0.000
		(0.003)	(0.003)
hhi			−0.175 *
			(0.100)
fieshare			−0.071 *
			(0.040)
年份/行业/企业	yes	yes	yes
N	103699	103699	103699
R²	0.541	0.543	0.543

注:"***""**""*"分别表示在1%、5%、10%的水平下显著,括号内为行业—年份层面聚类的标准误。无特别说明,下表同。

控制变量的回归结果基本符合已有关于出口产品质量检验的结论。生产效率 (tfp) 提高,可以降低企业生产的可变成本,提升产品质量。企业存续年限 (age) 对出口产品质量的影响显著为正,在考虑员工长久雇佣的情况下,企业存续年限越长,员工工作经验越丰富,对本企业的产品的优缺点更为熟悉,对于如何改进产品质量也更为了解。企业规模（*size*）对产品质量的影响系数显著为正，这一结论与 Kugler 和 Verhoogen（2012）的研究一致，在新贸易理论框架下，企业自身规模具有明显的成本优势，企业规模越大，其资金可能越充足、人力资源越丰富、技术更为先进，进而在产品质量升级等方面具有更大的优势。人均工资水平（*wage*）在一定程度上反映了企业员工的技能水平，员工技能水平越高，出口产品质量越高。融资约束（*finance*）越小，企业出口产品质量越高，企业面临融资约束时通常会减少风险较高的投资，如减少高质量中间品的进口或者是研发投入，从而抑制了出口产品质量升级（Bernini et al.，2015）。资本密集度（ln*cap*）越高，说明企业加大了对高技术产品的投入，产品质量也因此得到了提升。市场集中程度（*hhi*）越低，竞争越激烈，企业迫于竞争压力会不断提升产品质量。企业所在行业外资比例（*fieshare*）越高，出口产品质量越低，外资一方面会通过示范效应、人员流动效应等提升企业生产效率和研发能力，进而提升出口产品质量；另一方面则可能由于竞争加剧导致本土企业市场需求规模缩减，甚至将本土企业挤出市场而不利于产品质量提升。

二、平行趋势检验

使双重差分法有效的一个重要前提是处理组和对照组之间存在平行的变化趋势，否则得出的估计系数就会有偏，因此需要进行平行趋势检验。我们使用经典的虚假实验方法，即在政策实施前后各选一个虚假政策变动时点，假设该时点也发生了政策冲击，然后利用双重差分法评估这一时点的政策效果。如果该虚假时点的政策效应也显著，说明组别之间没有共同的变化趋势，进而不能肯定真实时点政策调整的实际效应。我们选择 2001 年和 2006 年分别作为真实政策冲击前后的虚拟政策变动时点。为避免真实政策时点的干扰，考察范围仅限定在虚拟时点的前后两期。

检验结果如表 6-2 所示，列（1）、列（2）分别为政策变动前、后的虚假检验。可以看出，*HC* × *post* 的回归系数均不显著，说明无论在真实时点之前还是在真实时点之后，处理组和对照组在时间变动趋势上均没有表现出明显的差异。据此，我们认为平行趋势假说在 2003 年前不成立的可能性很小，可以证实基本回归中得到的产品质量提升效应是由 1999 年开始的高校扩招所引起的。

表 6-2　平行趋势检验

解释变量	(1) 2000~2002 年 （虚拟政策试点：2001 年）	(2) 2004~2007 年 （虚拟政策试点：2006 年）
$HC \times post$	-0.059 (0.039)	0.033 (0.071)
tfp	0.023*** (0.009)	0.019*** (0.004)
$lnage$	0.002 (0.006)	0.021*** (0.006)
$size$	0.034*** (0.007)	0.035*** (0.003)
$lnwage$	0.020*** (0.006)	0.006** (0.003)
$finance$	-0.048*** (0.018)	-0.018 (0.011)
$lncap$	0.003 (0.004)	0.011*** (0.003)
fie	-0.016* (0.008)	0.001 (0.005)
hhi	0.077 (0.240)	-0.561*** (0.202)
$fieshare$	0.107 (0.110)	-0.259*** (0.097)
年份/行业/企业	yes	yes
N	17927	68458
R^2	0.689	0.585

三、稳健性检验

我们对基本回归进行的稳健性检验主要包括改变主要变量的测度方法、控制贸易自由化带来的进口冲击和投资冲击、剔除可能的极端值以及改变聚类方法四个方面。

（一）改变主要变量的测度方法

首先，改变行业人力资本密集度的测度办法，主要采用两种做法：一种是使用基于 2004 年中国工业企业数据计算出 CIC4 位码行业技能密集度，表 6 - 3 列（1）给出了估计结果；另一种是按照 Che 和 Zhang（2017）的做法，基于 Ciccone 和 Papaioannou（2009）中 ISIC3 位码数据与 CIC2 位码行业进行对应，列（2）给出了估计结果，可以发现仍然通过了显著性检验。其次，我们改变出口产品质量的测度方法，一是使用企业创新能力代替出口产品质量。理论上企业创新能力越强，意味着新产品种类越多，产品质量越高（Kugler and Verhoogen，2012），我们使用企业新增专利申请数量作为企业创新能力的代理变量。[1] 二是考察对企业发明专利的影响，专利包括发明、实用新型和外观设计三种类型，发明专利[2]是企业最为核心的自主创新能力。列（3）、列（4）分别给出了估计结果。三是改变 σ 的取值。式（6.10）中 σ 的取值是基于 Broda 和 Weinstein（2006）的数据。Anderson 和 Van Wincoop（2004）的综述性研究发现，σ 的取值区间为 [5，10]。列（5）、列（6）分别给出了 $\sigma = 5$、$\sigma = 10$ 时的估计结果。最后，无论采用哪一种改变主要变量的测度方法，基本回归得出的结论都没有发生改变。

---

[1] 专利是对创新产出的衡量，绝大部分情况下只有专利价值大于专利申请成本时，技术创新成果才会被用于申请专利，相比研发费用等指标更能体现企业的创新能力（Dang and Motohashi，2015）。没有使用企业研发费用作为创新能力代理变量的主要原因是中国工业企业数据库数据 2004 年的数据没有统计研发费用。

[2] 发明专利是指对产品、方法或者其改进所提出的新的技术方案，其中方法发明包括操作方法、制造方法、工艺流程等技术方案，是企业最为核心的自主创新能力。

表6-3 改变主要变量的测度方法的检验

解释变量	（1）	（2）	（3）	（4）	（5）	（6）
$HC \times post$	0.099**	0.078**	1.143***	0.869***	0.097**	0.108***
	(0.040)	(0.033)	(0.306)	(0.149)	(0.041)	(0.042)
tfp	0.019***	0.021***	0.066***	0.017***	0.020***	0.020***
	(0.003)	(0.003)	(0.016)	(0.006)	(0.003)	(0.004)
$lnage$	0.010***	0.006**	-0.077***	-0.042***	0.005**	0.006**
	(0.003)	(0.003)	(0.020)	(0.009)	(0.003)	(0.003)
$size$	0.036***	0.034***	0.194***	0.042***	0.034***	0.034***
	(0.003)	(0.002)	(0.025)	(0.008)	(0.003)	(0.002)
$lnwage$	0.007***	0.006***	0.065***	0.015**	0.007***	0.007***
	(0.002)	(0.002)	(0.015)	(0.006)	(0.002)	(0.002)
$finance$	-0.031***	-0.039***	-0.075*	-0.020	-0.039***	-0.039***
	(0.008)	(0.007)	(0.042)	(0.013)	(0.008)	(0.007)
$lncap$	0.011***	0.011***	0.060***	0.014***	0.011***	0.011***
	(0.002)	(0.002)	(0.012)	(0.004)	(0.002)	(0.002)
fie	-0.000	-0.000	0.008	0.004	-0.000	-0.000
	(0.004)	(0.003)	(0.021)	(0.009)	(0.003)	(0.003)
hhi	-0.478***	-0.175*	-1.163*	-0.372*	-0.176*	-0.173*
	(0.162)	(0.100)	(0.663)	(0.224)	(0.100)	(0.100)
$fieshare$	-0.105**	-0.071*	1.398***	0.466***	-0.071*	-0.072*
	(0.053)	(0.040)	(0.323)	(0.115)	(0.040)	(0.040)
年份/行业/企业	yes	yes	yes	yes	yes	yes
N	91929	103699	103699	103699	103699	103699
R^2	0.555	0.543	0.651	0.636	0.543	0.545

注：列（2）控制的行业固定效应为 CIC2 位码行业，标准误差在 CIC2×year 层面聚类。

（二）控制贸易自由化带来的进口冲击和投资冲击

为了控制中国加入 WTO 带来的影响，我们首先按照 Brandt 等（2017）的做法，根据国家统计局《统计上使用的产品分类目录》将海关 HS6 位码产品与 CIC4 位码行业进行了对应，构造 CIC4 位码行业层面的投入关税水平（input_ tariff）和产出关税水平（output_ tariff），用于衡量不同行业面临的进口冲击。表

6-4 列（1）给出了估计结果，可以发现 *input_ tariff* 与 *output_ tariff* 的系数显著为正，意味着进口关税降低对企业出口产品质量产生了显著的促进作用，与 Bas 和 Strauss-Kahn（2015）的研究结论一致，而此时 *HC × post* 的影响系数仍然显著为正，意味着控制了加入贸易自由化带来的进口冲击后，基本回归的结论仍然是稳健的。同时，我们借鉴 Sheng 和 Yang（2016）的做法，整理了各行业外资鼓励和禁止目录，在基础计量模型中加入了是否为鼓励行业（*encourage*）和限制行业（*restrict*）的虚拟变量，为相应类型则赋值为 1，否则为 0。列（2）给出了估计结果，可以发现鼓励行业（*encourage*）提升了出口产品质量，限制行业（*restrict*）对出口产品质量没有影响，而 *HC × post* 的影响系数仍然显著为正。以上结论表明控制了贸易自由化带来的进口冲击和投资冲击后，基本回归得出的结论依然成立。

表 6-4 控制贸易自由化带来的进口冲击和投资冲击的检验

解释变量	（1）	（2）
HC × post	0.146 **	0.115 **
	(0.059)	(0.049)
input_ tariff	0.003 ***	
	(0.001)	
output_ tariff	0.001 ***	
	(0.000)	
encourage		0.014 ***
		(0.004)
restrict		0.010
		(0.011)
tfp	0.019 ***	0.020 ***
	(0.004)	(0.003)
lnage	0.010 **	0.010 ***
	(0.004)	(0.003)
size	0.035 ***	0.036 ***
	(0.003)	(0.003)

续表

解释变量	（1）	（2）
lnwage	0.005 *	0.007 ***
	(0.003)	(0.002)
finance	− 0.032 ***	− 0.034 ***
	(0.009)	(0.008)
lncap	0.011 ***	0.012 ***
	(0.002)	(0.002)
fie	0.000	0.000
	(0.004)	(0.004)
hhi	− 0.314 *	− 0.290 *
	(0.162)	(0.149)
fieshare	− 0.057	− 0.072
	(0.062)	(0.049)
年份/行业/企业	yes	yes
N	78298	89227
R^2	0.562	0.553

（三）剔除可能的极端值

可能出现极端值的情况如下：第一，由于高等教育回报率的地区差异导致的高校毕业生集中流向某些地区从而出现极端值。Xing（2016）利用 2005 年 1% 的人口小普查数据发现北京、上海、广东、江苏的教育回报率明显高于其他省份，表 6-5 列（1）给出了排除以上 4 个地区企业样本的估计结果。第二，由于高等教育质量的地区差异所导致的极端值。重点大学可以获得更多的教育资源和广泛的社会认知度，整体办学条件好，能够吸引和招揽更好的师资与生源，毕业生质量会更高。虽然一些大学生毕业后会离开本省（市）去外省（市）就业，但相当比例的毕业生会选择留在本省（市）①。我们分别排除了 1999 年"211 工程"高校数量前

---

① 全国高等学校学生信息咨询与就业指导中心和北京大学教育学院（2009）利用 2004～2008 年全国高校毕业生总体就业数据，对毕业生的就业流动状况进行了专题研究发现，不论是从生源地的角度还是从院校所在地的角度，本地就业率都保持在较高的水平。

4 位的北京（26 所）、江苏（11 所）、上海（11 所）和陕西（7 所）①，以及北京（26 所）、上海（11 所）、南京（8 所）、西安（6 所）4 市的企业样本，列（2）、列（3）分别给出了估计结果。第三，我们对出口质量两端的 1% 进行截尾，列（4）给出了估计结果。可以发现，在对可能的极端值进行处理后，$HC \times post$ 的估计系数至少在 10% 的水平下显著为正，这意味着基本回归得出的结论是可靠的。

表 6-5　剔除可能的极端值

解释变量	（1）剔除北京、上海、广东、江苏	（2）剔除北京、江苏、上海、陕西	（3）剔除北京、上海、南京、西安	（4）产品质量两端截尾 1%
$HC \times post$	0.166***	0.130**	0.092*	0.092**
	(0.060)	(0.057)	(0.049)	(0.044)
tfp	0.023***	0.023***	0.021***	0.021***
	(0.004)	(0.004)	(0.003)	(0.003)
$lnage$	0.008**	0.008**	0.006**	0.005*
	(0.003)	(0.003)	(0.003)	(0.003)
$size$	0.037***	0.037***	0.036***	0.034***
	(0.003)	(0.003)	(0.002)	(0.002)
$lnwage$	0.008***	0.007***	0.007***	0.006***
	(0.003)	(0.003)	(0.002)	(0.002)
$finance$	-0.040***	-0.043***	-0.039***	-0.037***
	(0.009)	(0.009)	(0.008)	(0.007)
$lncap$	0.009***	0.011***	0.012***	0.012***
	(0.002)	(0.002)	(0.002)	(0.002)
fie	-0.002	0.001	-0.001	-0.000
	(0.004)	(0.004)	(0.004)	(0.003)

①　1993 年 2 月 13 日中共中央、国务院印发的《中国教育改革和发展纲要》及《国务院关于〈中国教育改革和发展纲要〉的实施意见》中确定，国家要面向 21 世纪，重点建设 100 所左右的高等学校和一批重点学科点。截至 2009 年 1 月，全国共批准"211 工程"院校 112 所。

续表

解释变量	(1) 剔除北京、上海、广东、江苏	(2) 剔除北京、江苏、上海、陕西	(3) 剔除北京、上海、南京、西安	(4) 产品质量两端截尾1%
hhi	-0.073	-0.188	-0.163	-0.176*
	(0.137)	(0.134)	(0.119)	(0.094)
fieshare	-0.059	-0.052	-0.066	-0.068*
	(0.045)	(0.043)	(0.041)	(0.040)
年份/行业/企业	yes	yes	yes	yes
N	62399	73615	88355	101520
R²	0.541	0.536	0.540	0.552

（四）改变聚类方法

在基本回归中，我们将标准误差在行业—年份层面聚类，本部分我们尝试从以下四个角度重新进行聚类：一是借鉴 Bertrand 等（2004）、Amiti 和 Konings（2007）的做法，在行业层面聚类；二是在企业个体层面聚类；三是在城市层面聚类；四是使用稳健标准误差。表 6 - 6 给出了估计结果，可以看出，无论使用何种估计方法，$HC \times post$ 的估计系数都至少在 5% 的水平下显著。

表6-6 改变聚类方法的检验

解释变量	(1) CIC2 层面聚类	(2) 企业层面聚类	(3) 城市层面聚类	(4) 稳健标准误
$HC \times post$	0.098**	0.098***	0.094**	0.098***
	(0.041)	(0.038)	(0.046)	(0.035)
tfp	0.021***	0.021***	0.022***	0.021***
	(0.003)	(0.003)	(0.003)	(0.003)
lnage	0.006	0.006**	0.006	0.006**
	(0.004)	(0.003)	(0.004)	(0.003)
size	0.034***	0.034***	0.034***	0.034***
	(0.003)	(0.002)	(0.004)	(0.002)

续表

解释变量	(1)	(2)	(3)	(4)
	CIC2 层面聚类	企业层面聚类	城市层面聚类	稳健标准误
lnwage	0.006 *	0.006 ***	0.006 **	0.006 ***
	(0.003)	(0.002)	(0.003)	(0.002)
finance	-0.039 ***	-0.039 ***	-0.039 ***	-0.039 ***
	(0.011)	(0.007)	(0.009)	(0.007)
lncap	0.011 ***	0.011 ***	0.012 ***	0.011 ***
	(0.002)	(0.002)	(0.002)	(0.002)
fie	-0.000	-0.000	-0.000	-0.000
	(0.004)	(0.004)	(0.004)	(0.004)
hhi	-0.175	-0.175 **	-0.179 **	-0.175 **
	(0.125)	(0.087)	(0.089)	(0.083)
fieshare	-0.071	-0.071 **	-0.071 *	-0.071 **
	(0.065)	(0.031)	(0.036)	(0.029)
年份/行业/企业	yes	yes	yes	yes
N	103699	103699	102235	103699
R^2	0.543	0.543	0.544	0.543

第五节　本章小结

　　近年来，关于高校扩招的文献日益丰富，当前尚未发现有文献考察高校扩招对企业国际竞争力的影响。本章基于 2000～2007 年中国工业企业数据库和中国海关数据库的匹配数据，使用双重差分法实证分析了 1999 年开始的高校扩招对企业出口产品质量的影响发现，高校扩招对企业出口产品质量产生了显著的正向促进作用。进一步研究发现，高校扩招对出口质量的影响存在异质性，对质量差异化大的行业内企业、内陆企业和民营企业出口产品质量的边际改善作用更大。

本章的政策含义在于要进一步提高高等教育毛入学率，提升人力资本水平。本书的研究表明，高校扩招提高了中国出口企业的国际竞争力，这在全球总需求不振，我国低成本比较优势趋于削弱的当前无疑具有重大的现实意义。从 2002 年扩招后的第一批大学生毕业开始，我国实现了高等教育大众化。此后一直到 2005 年，高等教育毛入学率每年增长两个百分点，如果高等教育毛入学率按照这个速度增长，我国要到 2042 年才能实现高等教育普及化。因此要制定可置信的时间表和路线图，加快高等教育普及的速度，提高人力资本水平。当然，提高高等教育毛入学率绝不意味着要牺牲高等教育的质量，恰恰相反，高等教育的数量和质量对于中国未来的发展缺一不可，社会上认为高校扩招导致教育质量的下降，但问题的本质不在于扩招，而在于大学师资等相关配套措施没有到位，未来高等教育在提高普及率的同时应更加注重提升质量。

最后需要坦陈的是，本章至少在以下方面存在不足和可拓展之处：第一，本章的理论构建了高校扩招影响产品质量的简单理论模型，但囿于水平限制，在构建过程中没有考虑企业出口行为，虽然在稳健性检验部分对样本选择问题进行了纠正，但不得不说这是一个遗憾。第二，囿于中国工业企业数据库变量有限，我们无法对影响机制进行合理的检验，在未来数据可获得的情况下，可以对影响机制进行检验。第三，正如本章在引言部分所提到的，高校扩招涉及高校、用人单位甚至是地方政府等利益主体，未来的研究可以考虑地方政府、高校在其中所起的作用和影响，对企业影响的研究也可以从更多的维度展开。

第七章　研究结论及政策启示

第一节　研究结论

一、关于简政放权改革对企业出口的影响

出口退（免）税审批权下放显著改善了企业出口绩效，表现为出口额的增加、产品质量的提升和产品价格的下降，这种改善作用基本上不存在时滞，并具有持续性。在公共权力委托—代理失灵越轻的地区，审批权下放改善作用越大。从企业所有制类型看，审批权下放主要改善了非国有企业特别是民营企业的出口绩效。影响机制检验表明，审批权下放主要通过缓解企业资金约束作用于出口绩效。这意味着出口退税管理制度的简政放权改革在一定程度上可以稳定外贸增长（出口额的增加），在不增加财政负担的前提下可以延续过去的低成本优势（出口产品价格的下降），并培育以质量为基础的出口竞争新优势（出口产品质量的提升），有助于我国实现从"贸易大国"向"贸易强国"的转变。

二、关于最低工资制度对企业出口产品质量的影响

2000～2011 年中国企业出口产品质量总体呈上升趋势，并表现出两个明显的"U"形变化。最低工资标准显著抑制了企业出口产品质量。最低工资标准对出口产品质量的抑制作用存在行业、地区和企业所有制间的差异，劳动要素密集度越高，抑制作用越大；对于中部地区的抑制作用大于东部地区，对于西部地区的影响则不显著；对于国有企业的抑制作用大于非国有企业。这意味着最低工资制度并非一项"无人受损人人受益"的帕累托式改进，而是会出现赢家和输家，重要的是二者存在于一个社会共同体内，如果不顾出口企业的实际情况，一味追求提高最低工资标准，而忘记这些规则本身的意义，则可能会对企业的国际竞争力产生不利影响，反而会降低企业的雇佣能力和雇佣意愿，最终会损害劳动者的利益。

三、关于国有企业改革对企业出口产品质量的影响

国有企业改制对出口产品质量产生了显著且稳健的促进作用。国有企业改制后国有资本保留约为 29% 的国有股权比例，实现企业混合所有，有助于出口产品质量提升，从而实现国有资本的做强做优做大。国有企业改制并非"一改就灵"，其影响效果表现出明显的差异性，对改制为民营企业、同质性产品和高竞争程度行业内的企业，国有企业改制会较大程度地提高产品质量；对改制为外资企业、异质性产品和垄断行业的企业，国有企业改制的促进作用则较小。国有企业改制通过提高企业全要素生产率、硬化企业资金约束和提升员工技能水平来影响出口产品质量，其中提高企业全要素生产率是产生促进作用最主要的渠道。

四、关于高校扩招对企业出口产品质量的影响

高校扩招对企业出口产品质量产生了显著的正向促进作用。理论模型结果表

明，高校扩招通过改变劳动者投资人力资本的相对回报，以及企业选择高技能劳动的要素成本，从而提升了出口产品质量。笔者在理论分析的基础上，使用双重差分法进行了实证研究。结果表明，高校扩招后，相比劳动技能密集度低的企业，劳动技能密集度高的企业出口产品质量有了明显提高；在改变主要变量测度办法、控制贸易自由化带来的进口冲击和投资冲击、考虑样本选择问题、剔除可能的极端值以及改变聚类方法后，结论依然稳健。

第二节　政策启示

一、关于简政放权改革

第一，要进一步坚定简政放权改革的信心和决心。认识、适应和引领新常态是我国当前和今后经济发展的大逻辑，但推动中国经济实现新常态绝非易事，要继续深化简政放权改革，以政府自身改革带动关键环节和重要领域的改革，从而在充分发挥市场在资源配置中的决定性作用的基础上，更好地发挥政府作用，实现经济的由高速增长向高质量发展。第二，简政放权改革可以为构建开放型经济新体制提供有力支撑，"十三五"乃至更长的一个时期内，继续推动出口退税管理流程优化、提高贸易便利化水平是稳定和促进出口的一个重要着力点。第三，在简政放权改革的同时，要不断加强政府治理能力建设。简政放权改革绝非一放了之，而是要深化相关的行政体制改革，减少政府间的委托—代理失灵问题，使地方政府可以将下放的职能接好管好。第四，简政放权改革的政策设计要考虑企业所有制之间的差异，为民营企业的发展营造公平竞争的发展环境，以释放和激发更大的改革红利。

二、关于最低工资制度

第一，要加快完善适合中国国情的最低工资制度，并构建更为有效的公共政策支持体系。第二，考虑到最低工资标准对劳动密集型企业出口产品质量的抑制作用相对较大，公共政策需要加强行业针对性，为劳动密集型企业减轻税负、缓解压力，例如，分类提高并明确可税前计入成本的月工资标准，对于企业提高低收入员工工资，实行减税奖励、员工社保的财政补贴等。第三，由于效率损失使得最低工资标准对国有企业出口产品质量的抑制作用相对更大，因此应进一步深化国有企业改革，建立多元化的薪酬体系，并通过引入外部股东和提高机构投资者持股比例来完善公司治理结构。第四，考虑到最低工资标准对出口产品质量的影响存在区域性差异，应加大对中西部地区的政策倾斜力度。

三、关于国有企业改革

第一，坚定不移地推动国有企业产权改革。本书的研究发现，通过国有企业产权改革，可以实现出口产品质量较大幅度的提升，这对于当前传统出口竞争优势弱化、新的出口竞争优势尚未形成的中国来讲无疑具有重大的意义。因此，要坚定国有企业产权改革的信心和决心，推行主动性的总体性产权改革。当然，我们必须要精心选择改革方式和改革方案，避免国有资产流失。第二，本书的研究在某种程度上可以为混合所有制改革提供理论基础，为国有资本结构的选择提供借鉴。国有企业改制后国有资本保留一定份额而非全部退出将更有助于提升出口产品质量，这在某种程度上意味着实行混合所有制更有助于企业的发展。第三，国有企业改制的同时要增强相关政策的协调性，一是要放松准入管制，调动各类资本特别是外资参与发展混合所有制经济的积极性；二是要保护产权、维护契约，保护混合所有制企业各类出资人的产权权益；三是要进一步打破行业垄断，国有企业改革能否获得良好的效果很大程度上取决于行业的竞争环境。

四、关于高校扩招

要进一步提高高等教育入学率。本书的研究表明,高校扩招提高了中国出口企业的国际竞争力,这在全球总需求不振,我国低成本比较优势趋于削弱的当前无疑具有重大的现实意义。从 2002 年扩招后的第一批大学生毕业开始,我国实现了高等教育大众化。此后一直到 2005 年,高等教育毛入学率每年增长两个百分点,如果高等教育毛入学率按照此速度增长,我国要到 2042 年才能实现高等教育普及化。因此要制定可置信的时间表和路线图,加快高等教育普及的速度,提高人力资本水平。当然,提高高等教育毛入学率绝不意味着要牺牲高等教育的质量,恰恰相反,高等教育的数量和质量对于中国未来的发展缺一不可,目前社会上对于高校扩招的批评主要是认为扩招导致教育质量的下降,但问题的本质不在于扩招,而在于大学师资等相关配套措施是否到位,未来高等教育在提高普及率的同时应更加注重提高质量。

参考文献

［1］白重恩，路江涌，陶志刚．国有企业改制效果的实证研究［J］．经济研究，2006（8）：4－13＋49．

［2］白重恩，王鑫，钟笑寒．出口退税政策调整对中国出口影响的实证分析［J］．经济学（季刊），2011（3）：799－820．

［3］蔡昉．高等教育该不该保持继续扩大的势头［J］．中国党政干部论坛，2012（10）：23－25．

［4］蔡昉．刘易斯转折点与公共政策方向的转变——关于中国社会保护的若干特征性事实［J］．中国社会科学，2010（6）：125－137＋223．

［5］陈斌开，万晓莉，傅雄广．人民币汇率、出口品价格与中国出口竞争力——基于产业层面数据的研究［J］．金融研究，2010（12）：30－42．

［6］陈斌开，张川川．人力资本和中国城市住房价格［J］．中国社会科学，2016（5）：43－64＋205．

［7］陈刚．管制与创业——来自中国的微观证据［J］．管理世界，2015（5）：89－99＋187－188．

［8］陈至立．深刻变革中的高等教育［J］．教育发展研究，1999（1）：5－7．

［9］程惠霞，康佳．我国行政审批制度演进轨迹：2001～2014年［J］．改

革，2015（6）：34－42.

[10] 邸俊鹏，韩清. 最低工资标准提升的收入效应研究［J］. 数量经济技术经济研究，2015（7）：90－103.

[11] 丁守海. 最低工资管制的就业效应分析——兼论《劳动合同法》的交互影响［J］. 中国社会科学，2010（1）：85－102＋223.

[12] 凡勃伦. 有闲阶级论［M］. 北京：商务印书馆，1964：139.

[13] 樊纲. 中国经济特区研究：昨天和明天的理论与实践［M］. 北京：中国经济出版社，2009.

[14] 樊海潮，郭光远. 出口价格、出口质量与生产率间的关系：中国的证据［J］. 世界经济，2015（2）：58－85.

[15] 郭庆旺，贾俊雪. 公共教育政策、经济增长与人力资本溢价［J］. 经济研究，2009（10）：22－35.

[16] 胡一帆，宋敏，张俊喜. 中国国有企业民营化绩效研究［J］. 经济研究，2006（7）：49－60.

[17] 黄玖立，冼国明. 金融发展、FDI 与中国地区的制造业出口［J］. 管理世界，2010（7）：8－17＋187.

[18] 黄玲文，姚洋. 国有企业改制对就业的影响——来自 11 个城市的证据［J］. 经济研究，2007（3）：57－69.

[19] 黄先海，徐圣. 中国劳动收入比重下降成因分析——基于劳动节约型技术进步的视角［J］. 经济研究，2009（7）：34－44.

[20] 贾朋，张世伟. 最低工资标准提升的溢出效应［J］. 统计研究，2013（4）：37－41.

[21] 简必希，宁光杰. 教育异质性回报的对比研究［J］. 经济研究，2013（2）：83－95.

[22] 康芒斯. 制度经济学（上册）［M］. 北京：商务印书馆，1962：87.

[23] 李春玲. 高等教育扩张与教育机会不平等——高校扩招的平等化效应考查 [J]. 社会学研究, 2010 (3): 82 - 113 + 244.

[24] 李坤望, 蒋为, 宋立刚. 中国出口产品品质变动之谜: 基于市场进入的微观解释 [J]. 中国社会科学, 2014 (3): 80 - 103 + 206.

[25] 梁红. 供给端改革"出慢活" [EB/OL]. (2015 - 11 - 17). http: // economy. caixin. com/2015 - 11 - 17/100874842. html.

[26] 林毅夫, 蔡昉, 李周. 中国的奇迹: 发展战略与经济改革 (增订版) [M]. 上海: 格致出版社, 2014.

[27] 林毅夫, 刘志强. 中国的财政分权与经济增长 [J]. 北京大学学报 (哲学社会科学版), 2000 (4): 5 - 17.

[28] 林毅夫, 孙希芳. 银行业结构与经济增长 [J]. 经济研究, 2008 (9): 31 - 45.

[29] 刘慧龙, 吴联生, 王亚平. 国有企业改制、董事会独立性与投资效率 [J]. 金融研究, 2012 (9): 127 - 140.

[30] 刘小玄, 李利英. 企业产权变革的效率分析 [J]. 中国社会科学, 2005 (2): 4 - 16 + 204.

[31] 刘小玄, 刘芍佳. 国有企业改制重组调查研究报告 [R]. 北京: 国务院发展研究中心企业研究所, 2005.

[32] 刘昕, 董克用. 公务员工资水平调查比较制度: 我国政府的困境与对策 [J]. 公共管理学报, 2016 (1): 44 - 54 + 154.

[33] 鲁晓东. 技术升级与中国出口竞争力变迁: 从微观向宏观的弥合 [J]. 世界经济, 2014 (8): 70 - 97.

[34] 陆挺, 刘小玄. 企业改制模式和改制绩效——基于企业数据调查的经验分析 [J]. 经济研究, 2005 (6): 94 - 103.

[35] 陆正飞, 王雄元, 张鹏. 国有企业支付了更高的职工工资吗? [J].

经济研究, 2012 (3): 28 - 39.

[36] 吕姝仪, 赵忠. 高校扩招、职业代际流动与性别差异 [J]. 劳动经济研究, 2015 (4): 52 - 69.

[37] 马汴京. 高校扩招降低了大学毕业生的幸福感吗? [J]. 财经研究, 2017 (9): 50 - 61.

[38] 马光荣, 纪洋, 徐建炜. 大学扩招如何影响高等教育溢价? [J]. 管理世界, 2017 (8): 52 - 63.

[39] 马建堂. 简政放权: 来自社会的评价与基层的声音 [J]. 国家行政学院学报, 2015 (4): 4 - 5.

[40] 马双, 甘犁. 最低工资对企业在职培训的影响分析 [J]. 经济学 (季刊), 2014 (1): 1 - 26.

[41] 马双, 张劼, 朱喜. 最低工资对中国就业和工资水平的影响 [J]. 经济研究, 2012 (5): 132 - 146.

[42] 马双. 劳动力成本变化与制造业企业行为研究 [D]. 西南财经大学博士学位论文, 2011.

[43] 茅锐, 张斌. 中国的出口竞争力: 事实、原因与变化趋势 [J]. 世界经济, 2013 (12): 3 - 28.

[44] 宁光杰. 中国最低工资标准制定和调整依据的实证分析 [J]. 中国人口科学, 2011 (1): 26 - 34 + 111.

[45] 逢锦聚. 中国特色社会主义政治经济学的民族性与世界性 [J]. 经济研究, 2016 (10): 4 - 11.

[46] 裴长洪. 论转换出口退税政策目标 [J]. 财贸经济, 2008 (2): 10 - 16 + 127.

[47] 裴长洪. 做贸易强国第一条是还要扩大规模 [J]. 时代经贸, 2010 (1): 10.

[48] 裴长洪，刘斌．中国对外贸易的动能转换与国际竞争新优势的形成 [J]．经济研究，2019，54（5）：4-15．

[49] 任泽平．改革没有 3 年的阵痛不可能有改革的红利 [EB/OL]．(2015-11-18)．http：//www. chinareform. org. cn/Explore/perspectives/201511/t20151118_238616. htm.

[50] 盛丹，陆毅．国有企业改制降低了劳动者的工资议价能力吗？[J]．金融研究，2017（1）：69-82．

[51] 盛丹．国有企业改制、竞争程度与社会福利——基于企业成本加成率的考察 [J]．经济学（季刊），2013（3）：1465-1490．

[52] 施炳展，邵文波．中国企业出口产品质量测算及其决定因素——培育出口竞争新优势的微观视角 [J]．管理世界，2014（9）：90-106．

[53] 舒尔茨．制度与人的经济价值的不断提高 [M]//科斯，等．财产权利与制度变迁：产权学派与新制度学派译文集．上海：上海三联书店，1991：253．

[54] 宋立刚，姚洋．改制对企业绩效的影响 [J]．中国社会科学，2005（2）：17-31+204．

[55] 孙楚仁，田国强，章韬．最低工资标准与中国企业的出口行为 [J]．经济研究，2013a（2）：42-54．

[56] 孙楚仁，张卡，章韬．最低工资一定会减少企业的出口吗 [J]．世界经济，2013b（8）：100-124．

[57] 王红领，李稻葵，雷鼎鸣．政府为什么会放弃国有企业的产权 [J]．经济研究，2001（8）：61-70+85-96．

[58] 王小鲁，余静文，樊纲．中国分省企业经营环境指数 2013 年报告 [M]．北京：中信出版社，2013．

[59] 王孝松，李坤望，包群，等．出口退税的政策效果评估：来自中国纺

织品对美出口的经验证据［J］．世界经济，2010（4）：47－67．

［60］文东伟，冼国明，马静．FDI、产业结构变迁与中国的出口竞争力［J］．管理世界，2009（4）：96－107．

［61］吴晓刚．1990—2000年中国的经济转型、学校扩招和教育不平等［J］．社会，2009（5）：88－113＋225－226．

［62］吴延兵．国有企业双重效率损失研究［J］．经济研究，2012（3）：15－27．

［63］吴要武，刘倩．高校扩招对婚姻市场的影响：剩女？剩男？［J］．经济学（季刊），2015（1）：5－30．

［64］吴要武，赵泉．高校扩招与大学毕业生就业［J］．经济研究，2010（9）：93－108．

［65］吴敬琏．关于改革战略选择的若干思考［J］．经济研究，1987（2）：3－14．

［66］邢春冰．教育扩展、迁移与城乡教育差距——以大学扩招为例［J］．经济学（季刊），2014（1）：207－232．

［67］徐明东，田素华．转型经济改革与企业投资的资本成本敏感性——基于中国国有工业企业的微观证据［J］．管理世界，2013（2）：125－135＋171．

［68］徐舒．劳动力市场歧视与高校扩招的影响——基于信号博弈模型的结构估计［J］．经济学（季刊），2010（4）：1519－1538．

［69］许和连，王海成．最低工资标准对企业出口产品质量的影响研究［J］．世界经济，2016（7）：73－96．

［70］许召元，张文魁．国企改革对经济增速的提振效应研究［J］．经济研究，2015（4）：122－135．

［71］余淼杰，崔晓敏，张睿．司法质量、不完全契约与贸易产品质量［J］．金融研究，2016（12）：1－16．

［72］余淼杰，张睿．中国制造业出口质量的准确衡量：挑战与解决方法［J］．经济学（季刊），2017（2）：463 – 484.

［73］约翰·密尔．代议制政府［M］．北京：商务印书馆，1982.

［74］张杰，郑文平，翟福昕．中国出口产品质量得到提升了么？［J］．经济研究，2014（10）：46 – 59.

［75］张杰．金融抑制、融资约束与出口产品质量［J］．金融研究，2015（6）：64 – 79.

［76］张晶，陆毅，杨治．我国最低工资水平对民营企业创新行为的影响［Z］．经济研究工作论文，NoWP755. 2014.

［77］张龙鹏，蒋为，周立群．行政审批对创业的影响研究——基于企业家才能的视角［J］．中国工业经济，2016（4）：57 – 74.

［78］张文魁，袁东明．中国经济改革 30 年国有企业卷：1978—2008［M］．重庆：重庆大学出版社，2008.

［79］张兆曙，陈奇．高校扩招与高等教育机会的性别平等化——基于中国综合社会调查（CGSS2008）数据的实证分析［J］．社会学研究，2013（2）：173 – 196 + 245.

［80］赵春明，李宏兵．出口开放、高等教育扩展与学历工资差距［J］．世界经济，2014（5）：3 – 27.

［81］中国（海南）改革发展研究院评估组．推动简政放权改革向纵深发展［N］．上海证券报，2015 – 09 – 17.

［82］周望．中国"政策试点"研究［M］．天津：天津人民出版社，2013.

［83］钟山．培育竞争新优势　实现外贸新发展［J］．求是，2013（16）：54 – 56.

［84］Acemoglu D. , Johnson S. , Robinson J. A. . Chapter 6 Institutions as a Fundamental Cause of Long – Run Growth［J］. Handbook of Economic Growth,

2005, 1: 385 - 472.

[85] Acemoglu D. , Johnson S. , Robinson J. A.. The Colonial Origins of Comparative Development: An Empirical Investigation [J] . The American Economic Review, 2001, 91 (5): 1369 - 1401.

[86] Acemoglu D. , Pischke J. S.. Minimum Wages and On - the - job Training [J] . Research in Labor Economics, 2003, 22: 159 - 202.

[87] Acemoglu D. , Pischke J. S.. The Structure of Wages and Investment in General Training [J] . Journal of Political Economy, 2007, 107 (3): 539 - 572.

[88] Akerlof G. A.. Labor Contracts as Partial Gift Exchange [J] . The Quarterly Journal of Economics, 1982, 97 (4): 543 - 569.

[89] Alder S. , Shao L. , Zilibotti F.. Economic Reforms and Industrial Policy in a Panel of Chinese Cities [J] . Journal of Economic Growth, 2013, 21 (4): 1 - 45.

[90] Allen F. , Qian J. , Qian M.. Law, Finance, and Economic Growth in China [J] . Journal of Financial Economics, 2005, 77 (1): 57 - 116.

[91] Amiti M. , Khandelwal A. K.. Import Competition and Quality Upgrading [J] . Review of Economics and Statistics, 2013, 95 (2): 476 - 490.

[92] Amiti M. , Konings J.. Trade Liberalization, Intermediate Inputs, and Productivity: Evidence from Indonesia [J] . The American Economic Review, 2007, 97 (5): 1611 - 1638.

[93] An L. , Hu C. , Tan Y.. Regional Effects of Export Tax Rebate on Exporting Firms: Evidence from China [J] . Review of International Economics, 2017, 25 (4): 774 - 798.

[94] Angrist J. D. , Pischke J. S.. Mostly Harmless Econometrics: An Empiricist's Companion [M] . New Jersey: Princeton University Press, 2008.

[95] Antràs P.. Firms, Contracts, and Trade Structure [J] . Quarterly Journal

of Economics, 2003, 118 (4): 1375 – 1418.

[96] Araujo L. , Mion G. , Ornelas E. Institutions and Export Dynamics [J]. Journal of International Economics, 2016, 98: 2 – 20.

[97] Bai C. , Lu J. , Tao Z. . How Does Privatization Work in China? [J]. Journal of Comparative Economics, 2009, 37 (3): 453 – 470.

[98] Bai Y. , Lin B. X. , Wang Y. , et al. . Full Privatization Through Controlling Rights Transfer in China: The Extent of Its Success [J] . Applied Economics, 2013, 45 (14): 1857 – 1867.

[99] Baldwin R. , Harrigan J. . Zeros, Quality, and Space: Trade Theory and Trade Evidence [J] . American Economic Journal: Microeconomics, 2011, 3 (2): 60 – 88.

[100] Baron R. M. , Kenny D. A. . The Moderator – mediator Variable Distinction in Social Psychological Research: Conceptual, Strategic, and Statistical Considerations [J] . Journal of Personality and Social Psychology, 1986, 51 (6): 1173 – 1182.

[101] Bas M. , Strauss – Kahn V. . Input – trade Liberalization, Export Prices and Quality Upgrading [J] . Journal of International Economics, 2015, 95 (2): 250 – 262.

[102] Bastos P. , Silva J. . The Quality of a Firm's Exports: Where You Export to Matters [J] . Journal of International Economics, 2010, 82 (2): 99 – 111.

[103] Bastos P. , Straume O. R. . Globalization, Product Differentiation, and Wage Inequality [J] . Canadian Journal of Economics, 2012, 45 (3): 857 – 878.

[104] Beck T. , Levine R. , Levkov A. . Big Bad Banks? The Winners and Losers from Bank Deregulation in the United States [J] . Journal of Finance, 2010, 65 (5): 1637 – 1667.

[105] Becker G. . Human Capital [M] . New York: Columbia University Press, 1964.

[106] Bell L. A.. The Impact of Minimum Wages in Mexico and Colombia [J]. Journal of Labor Economics, 1997, 15 (S3): S102 – S135.

[107] Benáček V. , Lenihan H. , Andreosso – O' callaghan B. , et al.. Political Risk, Institutions and Foreign Direct Investment: How Do They Relate in Various European Countries? [J]. The World Economy, 2014, 37 (5): 625 – 653.

[108] Berkowitz D. , Moenius J. , Pistor K.. Trade, Law, and Product Complexity [J]. Review of Economics and Statistics, 2006, 88 (2): 363 – 373.

[109] Bernard A. B. , Eaton J. , Jensen B. , et al.. Plants and Productivity in International Trade [J]. The American Economic Review, 2003, 93 (4): 1268 – 1290.

[110] Bernini M. , Guillou S. , Bellone F.. Financial Leverage and Export Quality: Evidence from France [J]. Journal of Banking and Finance, 2015, 59 (6): 280 – 296.

[111] Bertrand M. , Duflo E. , Mullainathan S.. How Much Should We Trust Differences – in – differences Estimates? [J]. Quarterly Journal of Economics, 2004, 119 (1): 249 – 275.

[112] Biswas R.. Determinants of Foreign Direct Investment [J]. Review of Development Economics, 2002, 6 (3): 492 – 504.

[113] Brambilla I. , Lederman D. , Porto G.. Exports, Export Destinations, and Skills [J]. The American Economic Review, 2010, 102 (7): 3406 – 3438.

[114] Brambilla I. , Porto G. G.. High – income Export Destinations, Quality and Wages [J]. Journal of International Economics, 2016, 98: 21 – 35.

[115] Brandt L. , Biesebroeck J. V. , Zhang Y.. Creative Accounting or Creative Destruction? Firm – level Productivity Growth in Chinese Manufacturin [J]. Journal of Development Economics, 2009, 97 (2): 339 – 351.

[116] Brandt L. , Biesebroek J. V. , Wang L. , et al.. WTO Accession and Per-

formance of Chinese Manufacturing firms ［J］. The American Economic Review, 2017, 107 (9): 2784 – 2820.

［117］Brandt L. , Li H. . Bank Discrimination in Transition Economies: Ideology, Information, or Incentives? ［J］. Journal of Comparative Economics, 2003, 31 (3): 387 –413.

［118］Broda C. , Weinstein D. E. . Globalization and the Gains from Variety ［J］. Quarterly Journal of Economics, 2006, 121 (2): 541 –585.

［119］Blonigen B. A. , Piger J. . Determinants of Foreign Direct Investment ［J］. Canadian Journal of Economics, 2014, 47 (3): 775 –812.

［120］Cadot O. , Fernandes A. M. , Gourdon J. , et al. . Are the Benefits of Export Support Durable? Evidence from Tunisia ［J］. Journal of International Economics, 2015, 97 (2): 310 –324.

［121］Cameron A. C. , Gelbach J. B. , Miller D. L. . Robust Inference with Multiway Clustering ［J］. Journal of Business and Economic Statistics, 2011, 29 (2): 238 –249.

［122］Chandra P. , Long C. . VAT Rebates and Export Performance in China: Firm – level Evidence ［J］. Journal of Public Economics, 2013, 102: 13 –22.

［123］Che J. , Qian Y. . Institutional Environment, Community Government, and Corporate Governance: Understanding China's Township – village Enterprises ［J］. Journal of Law Economics and Organization, 1998, 14 (1): 1 –23.

［124］Che Y. , Zhang L. . Human Capital, Technology Adoption and Firm Performance: Impacts of China's Higher Education Expansion in the Late 1990s (Human Capital, Technology, Firm Performance) ［J］. Economic Journal, 2017 (4): 75 –105.

［125］Chen G. , Firth M. , Rui O. . Have China's Enterprise Reforms Led to Improved Efficiency and Profitability? ［J］. Emerging Markets Review, 2006, 7

(1): 82 – 109.

[126] Chen Y. J. , Li P. , Lu Y. . Career Concerns and Multitasking Local Bureaucrats: Evidence of a Target – based Performance Evaluation System in China [J]. Journal of Development Economics, 2018, 133: 84 – 101.

[127] Chor D. . Unpacking Sources of Comparative Advantage: A Quantitative Approach [J] . Journal of International Economics, 2010, 82 (2): 152 – 167.

[128] Ciccone A. , Papaioannou E. . Human Capital, The Structure of Production, and Growth [J] . Review of Economics and Statistics, 2009, 91 (1): 66 – 82.

[129] Cooley T. , Marimon R. , Quadrini V. . Aggregate Consequences of Limited Contract Enforceability [J] . Journal of Political Economy, 2004, 112 (4): 817 – 847.

[130] Crinò R. , Ogliari L. . Financial Imperfections, Product Quality, and International Trade [J] . Journal of International Economics, 2017, 104: 63 – 84.

[131] De Groot, Henri L. F. , Gert – Jan Linders, et al. . The Institutional Determinants of Bilateral Trade Patterns [J] . Kyklos, 2004, 57 (1): 103 – 123.

[132] Demir F. , Hu C. . Institutional Differences and the Direction of Bilateral Foreign Direct Investment Flows: Are South – south Flows any Different Than the Rest? [J] . The World Economy, 2016, 39 (12): 2000 – 2024.

[133] Ding H. , Fan H. , Lin S. . Connect to Trade [J] . Journal of International Economics, 2018, 110: 50 – 62.

[134] Ding S. , Guariglia A. , Knight J. . Investment and Financing Constraints in China: Does Working Capital Management Make a Difference? [J] . Journal of Banking and Finance, 2013, 37 (5): 1490 – 1507.

[135] Djankov S. , et al. . The Regulation of Entry [J] . Quarterly Journal of Economics, 2002, 24 (2): 183 – 203.

[136] Draca M. , Machin S. , Reenen J. V. . Minimum Wages and Firm Profitability

[J]. American Economic Journal: Applied Economics, 2011, 3 (1): 129 – 151.

[137] Essaji A., Fujiwara K.. Contracting Institutions and Product Quality [J]. Journal of Comparative Economics, 2012, 40 (2): 269 – 278.

[138] Ethier W. J.. National and International Returns to Scale in the Modern Theory of International Trade [J]. The American Economic Review, 1982, 72 (3): 389 – 405.

[139] Fan H., Lai L. C., Li Y. A.. Credit Constraints, Quality, and Export Prices: Theory and Evidence from China [J]. Journal of Comparative Economics, 2015, 43 (2): 390 – 416.

[140] Feenstra R. C., Romalis J.. International Prices and Endogenous Quality [J]. Quarterly Journal of Economics, 2014, 129 (2): 477 – 527.

[141] Feng X., Johansson A. C., Zhang T.. Mixing Business with Politics: Political Participation by Entrepreneurs in China [J]. Journal of Banking and Finance, 2015, 59: 220 – 235.

[142] Fung H., Xu X. E., Zhang Q.. On the Financial Performance of Private Enterprises in China [J]. Journal of Developmental Entrepreneurship, 2007, 12 (4): 399 – 414.

[143] Gan J., Guo Y., Xu C.. China's Decentralized Privatization and Change of Control Rights [J]. Review of Financial Studies, 2018, 31 (10): 3854 – 3894.

[144] Gao W., Smyth R.. Education Expansion and Returns to Schooling in Urban China, 2001 – 2010: Evidence from Three Waves of the China Urban Labor Survey [J]. Journal of the Asia Pacific Economy, 2015, 20 (2): 178 – 201.

[145] Gentzkow M.. Television and Voter Turnout [J]. Quarterly Journal of Economics, 2006, 121 (3): 931 – 972.

[146] Goldberg P. K., Khandelwal A. K., Pavcnik N., et al.. Imported Inter-

mediate Inputs and Domestic Product Growth: Evidence from India [J] . Quarterly Journal of Economics, 2010, 125 (4): 1727 – 1767.

[147] Gorodnichenko Y. , Roland G.. Culture, Institutions, and the Wealth of Nations [J] . Review of Economics and Statistics, 2017, 99 (3): 402 – 416.

[148] Grandmont J. M. , Pintus P. , De Vilder R.. Capital – labor Substitution and Competitive Nonlinear Endogenous Business Cycles [J] . Journal of Economic Theory, 1998, 80 (1) : 14 – 59.

[149] Guiso L. , Sapienza P. , Zingales L.. Cultural Bias in Economic Exchangej? [J] . Quarterly Journal of Economics, 2007, 124 (42): 1095 – 1131.

[150] Hall R. E. , Jones C. I.. Why do Some Countries Produce So Much More Output Per Worker Than Others? [J] . Quarterly Journal of Economics, 1999, 114 (1): 83 – 116.

[151] Halpern L. , Koren M. , Szeidl A.. Imported Inputs and Productivity [J]. The American Economic Review, 2015, 105 (12): 3660 – 3703.

[152] Hamermesh D. S. , Pfann G. A.. Adjustment Costs in Factor Demand [J]. Journal of Economic Literature, 1996, 34 (3): 1264 – 1292.

[153] Head K. , Ries J.. Heterogeneity and the FDI Versus Export Decision of Japanese Manufacturers [J] . Journal of the Japanese and International Economies, 2003, 17 (4): 448 – 467.

[154] Heckman J. J.. Sample Selection Bias as a Specification Error [J]. Econometorica, 1979, 47 (1): 153 – 161.

[155] Hicks J. R. S. The theory of wage [M] . London: Macmillan, 1932.

[156] Hirano K. , Imbens G. W. , Ridder A. G.. Efficient Estimation of Average Treatment Effects Using the Estimated Propensity Score [J] . Econometrica, 2003, 71 (4): 1161 – 1189.

[157] Hsieh C. T. , Song Z. M. . Grasp the Large, Let Go of the Small: The Transformation of the State Sector in China [J] . Brookings Papers on Economic Activity, 2015 (1): 295 – 366.

[158] Hu A. . The Changing Happiness – enhancing Effect of a College Degree Under Higher Education Expansion: Evidence from China [J] . Journal of Happiness Studies, 2015, 16 (3): 669 – 685.

[159] Johnson R. C. . Trade and Prices with Heterogeneous Firms [J] . Journal of International Economics, 2012, 86 (1): 43 – 56.

[160] Ju J. , Wei S. . Domestic Institutions and The Bypass Effect of Financial Globalization [J] . American Economic Journal: Economic Policy, 2010, 2 (4): 173 – 204.

[161] Jude C. , Levieuge G. . Growth Effect of Foreign Direct Investment in Developing Economies: The Role of Institutional Quality [J] . The World Economy, 2017, 40 (4): 715 – 742.

[162] Kasahara H. , Lapham B. . Productivity and The Decision to Import and Export: Theory and Evidence [J] . Journal of International Economics, 2013, 89 (2): 297 – 316.

[163] Keefer P. , Knack S. . Why Don't Poor Countries Catch Up? A Cross – national Test of An Institutional Explanation [J] . Economic Inquiry, 1997, 35 (3): 590 – 602.

[164] Khandelwal A. . The Long and Short (of) Quality Ladders [J] . Review of Economic Studies, 2010, 77 (4): 1450 – 1476.

[165] Kleibergen F. , Paap R. . Generalized Reduced Rank Tests Using the Singular Value Decomposition [J] . Journal of Econometrics, 2006, 133 (1): 97 – 126.

[166] Kline P. , Moretti E. . Local Economic Development, Agglomeration Economies, and the Big Push: 100 Years of Evidence from The Tennessee Valley Authority [J] . Quarterly Journal of Economics, 2014, 129 (1): 275 – 331.

[167] Knight J. , Deng Q. , Li S. . China's Expansion of Higher Education: The Labour Market Consequences of a Supply Shock [J] . China Economic Review, 2016, 43: 127 – 141.

[168] Kugler M. , Verhoogen E. . Prices, Plant size, and Product Quality [J] . Review of Economic Studies, 2012, 79 (1): 307 – 339.

[169] La Porta R. , Lopezdesilanes F, Shleifer A. , et al. The Quality of Government [J] . Journal of Law Economics and Organization, 1999, 15 (1): 222 – 279.

[170] Levchenko A. A. . Institutional Quality and International Trade [J] . Review of Economic Studies, 2007, 74 (3): 791 – 819.

[171] Levinsohn J. , Petrin A. . Estimating Production Functions Using Inputs to Control for Unobservables [J] . Review of Economic Studies, 2003, 70 (2): 317 – 341.

[172] Li H. , Ma H. , Xu Y. . How Do Exchange Rate Movements Affect Chinese Exports? —A firm – level Investigation [J] . Journal of International Economics, 2015, 97 (1): 148 – 161.

[173] Li S. , Li S. , Zhang W. . The Road to Capitalism: Competition and Institutional Change in China [J] . Journal of Comparative Economics, 2000, 28 (2): 269 – 292.

[174] Li S. , Whalley J. , Xing C. . China's Higher Education Expansion and Unemployment of College Graduates [J] . China Economic Review, 2014, 30: 567 – 582.

[175] Lu D. . Exceptional Exporter Performance? Evidence from Chinese Manufacturing Firms [M] . Chicago: University of Chicago, 2010.

[176] Lu Y. , Yu L. . Trade Liberalization and Markup Dispersion: Evidence from China's WTO Accession [J] . American Economic Journal: Applied Economics, 2015, 7 (4): 221 – 253.

[177] Luong T. A. The Impact of Ethnic Diversity on the Quality of Exports: Evidence from China [J/OL] . Journal of Economic Studies, 2020. https: //doi. org/10. 1108/JES – 08 – 2019 – 0367.

[178] Manova K. , Yu Z. . How Firms Export: Processing vs. Ordinary Trade with Financial Friction [J] . Journal of International Economics, 2016, 100: 120 – 137.

[179] Manova K. , Zhang Z. . Export Prices Across Firms and Destinations [J]. Quarterly Journal of Economics, 2012, 127 (1): 379 – 436.

[180] Manova K. . Credit Constraints, Heterogeneous Firms, and International Trade [J] . Review of Economic Studies, 2013, 80 (2): 711 – 744.

[181] Mason G. , Van Ark B. , Wagner K. . Workforce Skills, Product Quality and Economic Performance [M] . //Booth A. , Snower D. J. . Acquiring Skills. Cambridge: Cambridge University Press, 1996.

[182] Matthews R. C. O. . The Economics of Institutions and the Sou Rces of Growth [J] . Economic Journal, 1986, 96 (384): 903 – 918.

[183] Melitz M. J. . The Impact of Trade on Intra – industry Reallocations and Aggregate Industry Productivity [J] . Econometrica, 2003, 71 (6): 1695 – 1725.

[184] Meng X. , Shen K. , Xue S. . Economic Reform, Education Expansion, and Earnings Inequality for Urban Males in China, 1988 – 2009 [J] . Journal of Comparative Economics, 2013, 41 (1): 227 – 244.

[185] Minetti R. , Zhu S. C. . Credit Constraints and Firm Export: Microeconomic Evidence from Italy [J] . Journal of International Economics, 2011, 83 (2): 109 – 125.

[186] Neumark D. , Waschear W. L. . Minimum wages [M] . Cambridge: MIT

Press, 2008.

[187] North D. C. , Robert P. T. . The Rise of the Western World [M]. Cambridge: Cambridge University Press, 1973.

[188] North D. . Institutions, Institutional Change and Economic Performance [M] . Cambridge: Cambridge University Press , 1990.

[189] Nunn N. , Trefler D. . Domestic Institutions as A Source of Comparative Advantage [J] . Handbook of International Economics, 2014, 4: 263 – 315.

[190] Nunn N. Relationship – specificity, Incomplete Contracts, and the Pattern of Trade [J] . Quarterly Journal of Economics, 2007, 122 (2): 569 – 600.

[191] Oates W. E. . Fiscal Federalism [M] . New York: Harcourt Brace Jovanovich, 1972.

[192] Olson M. , Sarna N. , Swamy A. V. . Governance and Growth: A Simple Hypothesis Explaining Cross – country Differences in Productivity Growth [J] . Public Choice, 2000, 102 (3 – 4): 341 – 364.

[193] Parrotta P. , Pozzoli D. , Pytlikova M. . Labor Diversity and Firm Productivity [J] . European Economic Review, 2014, 66 (1): 144 – 179.

[194] Pigou A. C. . The Economics of Welfare: 4th [M] . London: Macnillam, 1920.

[195] Poncet S. , Steingress W. , Vandenbussche H. . Financial Constraints in China: Firm – level Evidence [J] . China Economic Review, 2010, 21 (3): 411 – 422.

[196] Porta R. L. . Legal Determinants of External Finance [J] . Journal of Finance, 1997, 52 (3): 1131 – 1150.

[197] Rajan R. G. , Zingales L. . Financial Dependence and Growth [J] . The American Economic Review, 1998, 88 (3): 559 – 586.

[198] Rauch J. E. . Networks Versus Markets in International Trade [J] . Journal

of international Economics, 1999, 48 (1): 7 – 35.

[199] Rodríguez – Pose A. , Storper M. . Better Rules or Stronger Communities? On the Social Foundations of Institutional Change and Its Economic Effects [J]. Economic Geography, 2006, 82 (1): 1 – 25.

[200] Rodríguez – Pose A. . Do Institutions Matter for Regional Development? [J] . Regional Studies, 2013, 47 (7): 1034 – 1047.

[201] Salop S. C. . A Model of the Natural Rate of Unemployment [J] . The American Economic Review, 1979, 69 (1): 117 – 125.

[202] Schminke A. , Biesebroeck J. V. . Using Export Market Performance to Evaluate Regional Preferential Policies in China [J] . Review of World Economics, 2013, 149 (2): 343 – 367.

[203] Shapiro C. , Stiglitz J. E. . Equilibrium Unemployment as a Worker Discipline Device [J] . The American Economic Review, 1984, 74 (3): 433 – 444.

[204] Sheng L. , Yang D. T. . Expanding Export Variety: The Role of Institutional Reforms in Developing Countries [J] . Journal of Development Economics, 2016, 118: 45 – 58.

[205] Smith J. A. , Todd P. E. . Does Matching Overcome LaLonde's Critique of Nonexperimental Estimators? [J] . Journal of Econometrics, 2005, 125 (1 – 2): 305 – 353.

[206] Song Z. , Storesletten K. , Zilibotti F. . Growing Like China [J] . The American Economic Review, 2011, 101 (1): 196 – 233.

[207] Steedman H. , Wagner K. . A Second Look at Productivity, Machinery and Skills in Britain And Germany [J] . National Institute Economic Review, 1987, 122 (1): 84 – 108.

[208] Stigler G. J. . The Theory of Economic Regulation [J] . Bell Journal of E-

conomics and Management Science, 1971, 2 (1): 3 –21.

[209] Stock J. H. , Watson M. W. . Econometrics [M] . New Jersey: Addison Wesley, 2011.

[210] Sun Q. , Tong W. H. S. . China Share Issue Privatization: The Extent of Its Success [J] . Journal of Financial Economics, 2003, 70 (2): 183 –222.

[211] Todo Y. , Inui T. , Yuan Y. . Effects of Privatization on Exporting Decisions: Firm – level Evidence from Chinese State – owned enterprises [J] . Comparative Economic Studies, 2014, 56 (4): 536 –555.

[212] Verhoogen E. A. . Trade, Quality Upgrading, and Wage Inequality in the Mexican Manufacturing Sector [J] . Quarterly Journal of Economics, 2008, 123 (2): 489 –530.

[213] Wang L. . Economic Transition and College Premium in Urban China [J]. China Economic Review, 2012, 23 (2): 238 –252.

[214] Weiss A. . Job Queues and Layoffs in Labor Markets with Flexible Wages [J] . Journal of Political Economy, 1980, 88 (3): 526 –538.

[215] Wooldridge J. M. . Econometric Analysis of Cross Section and Panel Data [M] . Cambridge: MIT Press, 2010.

[216] Xu L. C. , Zhu T. , Lin Y. M. . Politician Control, Agency Problems and Ownership Reform [J] . Economics of Transition, 2005, 13 (1): 1 –24.

[217] Yu M. . Processing Trade, Tariff Reductions and Firm Productivity: Evidence from Chinese Firms [J] . Economic Journal, 2015, 125 (585): 943 –988.

[218] Yu S. , Beugelsdijk S. , Haan J. D. . Trade, Trust and the Rule of Law [J] . European Journal of Political Economy, 2015, 37 (4): 102 –115.

后　记

　　本书是由我于 2018 年 6 月在湖南大学毕业时的博士论文修改而成。在恩师许和连教授的悉心指导下，从选题到最后定稿一切进展顺利。早在 2013 年冬季申请湖南大学博士资格免试的时候，我和许老师就相谈甚欢，并于 2014 年正式进入导师门下。岳麓山下四年的学习令我受益匪浅，虽然毕业已经三年了，但与恩师、师门仍然保持着非常密切的联系。在此，对恩师表示诚挚的敬意与感谢。

　　在论文写作和学习过程中，还得到了湖南大学经济与贸易学院多位老师、同学、师弟师妹的帮助，有的为论文提出了宝贵的建议，有的为我查阅资料提供了诸多方便。在论文评议和答辩过程中，包群教授、葛赢教授、彭水军教授等诸位教授对论文的研究方法、基本观点、发表记录给予了充分的肯定，并提出了很多中肯的修改建议和未来有价值的研究方向，在此对各位老师一并表示真诚的谢意。本书各主要章节发表于《经济研究》《世界经济》等杂志，在论文投稿过程中得到了编辑老师们的大力支持，多位审稿专家给出了极具建设性的建议。

　　我生长于华北平原一个普通的农村家庭，在可以有历史追溯的五代人内，全部都在黄土地上艰难谋生。我的父母坚信读书可以改变命运，我还在读小学二年级的时候，几乎不识字的母亲告诉我中国有两所著名的大学——北京清华和天津南开，虽然囿于她的知识，可能当时知道的只有这两所大学的名字。但二十多年过去了，重新回顾这一场景，这番话无疑在我幼小的心灵里埋下了一颗希望的种子，当我在 2018 年 4 月获得南开大学经济学院的教职时，不谦虚地说，起码在我的小天地里这颗种子已经长成了参天大树。二十多年的读书生涯，父母无怨无悔支持我的学业，他们的鼓励与支持是我内心最大的安慰，我结草衔环，难以报答！感谢我的大姐，当 20 世纪河北的农村中小学义务教育尚未实现免费时，姐弟三人的上学费用，再加上层层加码的公粮，使得家里经济负担很大。大姐小学尚未毕业就辍学帮衬家里，供我和二姐读书。虽然这些年家里日渐富裕，但这种恩情不能忘，也不敢忘。所幸姐姐已经有了幸福的家庭，有了体贴她的爱人和一双聪明伶俐的儿女，在这样的时刻任何报答的话都显得苍白，唯有帮助大姐将两个孩子培养成人、成才，方可报答万一。

感谢爱人郭敏博士对我的理解、包容和支持。13 年前，我们在华侨大学相识相爱，2012 年她随我来到中国社科院研究生院攻读研究生，后来又继续攻读博士。攻读博士期间，我有时忙于研究，无法像普通情侣那样经常在一起，更无法照顾她，她尽自己最大的可能来迁就我的学业，牺牲她的时间、精力和兴趣爱好，照顾我的生活。感谢岳父岳母在我一穷二白的时候将女儿嫁给我，接下来的日子里，希望我们白头偕老，岁月静好。2020 年在新冠肺炎疫情最严重的时刻，我们的儿子出生了，名为"湛和"，取自《小雅·鹿鸣》"鼓瑟鼓琴，和乐且湛"，意为"祥和欢乐"，目前他已经 16 个月了，希望他能健健康康，永远快乐。

范文澜先生在写完《中国通史简编》上册后，这样描述道："一个初学马列主义的人，一下子能够写出一本具有科学性的中国通史那真是怪事。只能像个初学走路的孩子，东倒西歪，连跌带爬，不成个样子。"先生无疑自谦，但这句话用到我这里可能再贴切不过。书稿虽然屡经修改，但我越来越发现研究的内容已经超出了国际贸易学、制度经济学的范畴，感觉自己的能力远远无法驾驭这样一个宏大的题目。因此，写出来的文字也只能是"连跌带爬，不成个样子"。当然这一切都与他人无关，只怪自己学识浅陋，学业不精。

王海成

2021 年 6 月于北京